A PRIMEIRA GUERRA MUNDIAL

e o Declínio da Europa

CB131141

Paulo Fagundes Visentini

A PRIMEIRA GUERRA MUNDIAL

e o Declínio da Europa

ALTA BOOKS
EDITORA
Rio de Janeiro, 2014

A Primeira guerra mundial e o declínio da Europa

Copyright © 2014 da Starlin Alta Editora e Consultoria Eireli. ISBN: 978-85-7608-889-9

Todos os direitos reservados e protegidos por Lei. Nenhuma parte deste livro, sem autorização prévia por escrito da editora, poderá ser reproduzida ou transmitida.

A editora não se responsabiliza pelo conteúdo do texto formulado exclusivamente pelo autor.

Erratas e arquivos de apoio:: No site da editora relatamos, com a devida correção, qualquer erro encontrado em nossos livros bem como disponibilizamos arquivos de apoio se aplicável ao livro. Acesse o site www.altabooks.com.br e procure pelo título do livro desejado para ter acesso as erratas e/ou arquivos de apoio.

Marcas Registradas: Todos os termos mencionados e reconhecidos como Marca Registrada e/ou Comercial são de responsabilidade de seus proprietários. A Editora informa não estar associada a nenhum produto e/ou fornecedor apresentado no livro.

Impresso no Brasil — Edição Revisada e Atualizada, 2014

Produção Editorial
Editora Alta Books

Gerência Editorial
Anderson Vieira

Editoria Nacional
Letícia Vitoria de Souza
Livia Brazil
Milena Lepsch
Thiê Alves

Supervisão Gráfica
Angel Cabeza

Supervisão de Qualidade Editorial
Sergio Luiz de Souza

Supervisão de Texto
Jaciara Lima

Design Editorial
Aurélio Corrêa
Aureliano Messias

Captação e Contratação de Obras Nacionais
Cristiane Santos
Marco Pace
J. A. Rugeri
autoria@altabooks.com.br

Vendas Atacado e Varejo
Daniele Fonseca
Viviane Paiva
comercial@altabooks.com.br

Marketing e Promoção
marketing@altabooks.com.br

Ouvidoria
ouvidoria@altabooks.com.br

Equipe Editorial
Claudia Braga
Eduarda Girard
Hannah Carriello
Karolina Lima
Marcelo Vieira
Mayara Coelho
Milena Souza
Natália Gonçalves
Raquel Ferreira
Rodrigo Araujo

Revisão Gramatical
Isis Batista

Diagramação
Futura

Layout e Capa
Aurélio Corrêa

Dados Internacionais de Catalogação na Publicação (CIP)

V829p Visentini, Paulo Fagundes.
A primeira Guerra Mundial e o declínio da Europa / Paulo Fagundes Visentini. – Rio de Janeiro, RJ : Alta Books, 2014.
160 p. : il. ; 21 cm.

Inclui bibliografia.
ISBN 978-85-7608-889-9

1. Guerra Mundial. 2. Europa - Declínio. I. Título.

CDU 940.3
CDD 940.3

Índice para catálogo sistemático:
1. Guerra Mundial 940.3

(Bibliotecária responsável: Sabrina Leal Araujo – CRB 10/1507)

ALTA BOOKS
EDITORA

Rua Viúva Claudio, 291 — Bairro Industrial do Jacaré
CEP: 20970-031 — Rio de Janeiro
Tels.: 21 3278-8069/8419 Fax: 21 3277-1253
www.altabooks.com.br — e-mail: altabooks@altabooks.com.br
www.facebook.com/altabooks — www.twitter.com/alta_books

À memória de **Jean Jaurés,** grande orador socialista e pacifista francês, assassinado às vésperas da guerra.

Agradeço ao **CNPq**, pela bolsa de pesquisa, e a **CAPES**, Editais Pró-Estratégia e Pró-Defesa.

Paulo G. Fagundes Visentini

Historiador e Professor Titular de Relações Internacionais na UFRGS. Doutor em História/USP, Pós-Doutor em Relações Internacionais/London School of Economics. Ocupou a Cátedra Rui Barbosa de Estudos Brasileiros na Universidade de Leiden/Holanda e atualmente ocupa a Cátedra Rio Branco de Relações Internacionais na Universidade de Oxford. Autor de diversas obras de História Mundial Contemporânea e de Relações Internacionais. Pesquisador do CNPq, Coordenador do NERINT/ Núcleo Brasileiro de Estratégia e Relações Internacionais e Editor da Revista AUSTRAL: Brazilian Journal of Strategy and International Relations.

(paulovi@ufrgs.br)

SUMÁRIO

A Primeira Guerra Mundial e o Declínio da Europa

INTRODUÇÃO

DO "SÉCULO DE PAZ" À GRANDE GUERRA

O Centenário da Primeira Guerra Mundial, ou *Grande Guerra*, está sendo marcado por diversos seminários acadêmicos, documentários na televisão e publicações com farto material iconográfico para o grande público. Todavia, a visão historiográfica que embasa tal produção parece ter retrocedido em muitas décadas, com a reintrodução de debates superados, como o *da responsabilidade pelo desencadeamento da guerra*. Pior, ela é orientada não apenas contra o velho inimigo das potências vencedoras, a Alemanha, mas aos novos, a Rússia e a Sérvia. Assim, este livro busca introduzir o tema aos estudantes e ao grande público desde uma perspectiva crítica a tais interpretações, bem como explicar os fundamentos e as forças motrizes do desencadeamento, da evolução e do desfecho do conflito. O clichê da Guerra de Trincheiras criou a percepção de uma guerra "irracional", sem sentido. Mas a primeira grande conflagração militar da era industrial, como toda ação política, tem uma explicação coerente, apesar das aparências.

A importância e o significado da Primeira Guerra Mundial têm sido negligenciados pelos estudos históricos, provavelmente porque esse formidável conflito tenha sido seguido, vinte anos depois, por outro, materialmente ainda mais devastador, a Segunda Guerra Mundial. Entretanto, a Grande Guerra de 1914-1918 possui um sentido histórico mais abrangente, em muitos aspectos, que a de 1939-1945, pois marca a transformação de uma crise e de um antagonismo econômico estrutural em um confronto aberto e generalizado entre os polos dominantes do mundo, no qual a Europa perderá a primazia mundial, o liberalismo entrará em crise e o sistema internacional capitalista sofrerá sua primeira ruptura, com o triunfo da Revolução Soviética.

Esse devastador conflito, que encerrou a era otimista da *Belle Époque* (simbolizada pela Exposição Universal de Paris em 1900), teve no naufrágio do transatlântico Titanic, em 1912, o prenúncio simbólico do fim de uma era e o início de grandes tragédias e inesperadas transformações. Abriu espaço para a Revolução Socialista na Rússia, para crise do universo liberal, para a ascensão do nazi-fascismo, para a emergência da Grande Depressão econômica e para a ainda mais devastadora Segunda Guerra Mundial, o que contribuiu para que ela ocupasse uma lugar mais modesto na historiografia. Mas é preciso considerar que a Guerra de 1914–1918 inaugurou o século XX, com tudo o que ele viria a representar, *A Era dos Extremos*, segundo o historiador Eric Hobsbawm.

Contrariando um paradigma posteriormente estabelecido, essa foi uma guerra desencadeada entre democracias, ainda que alguns dos contendores fossem regimes autocráticos, como a Rússia e a Turquia (uma em cada aliança rival). A Alemanha e o império austro-húngaro, bases da Tríplice Aliança ou Impérios Centrais, eram democracias com parlamentos no pleno exercício de suas funções, da mesma maneira que a Grã-Bretanha e a França, líderes da Tríplice Entente. O próprio movimento operário socialista, apesar de organizado formalmente numa internacional, cindiu-se em seções nacionais e, majoritariamente, apoiou as respectivas elites no desencadeamento desse novo tipo de conflito de custos então incalculáveis.

O que teria levado a Europa da *Belle Époque* a mergulhar em tamanha carnificina? Obviamente a competição imperialista entre as potências ascendentes da Segunda Revolução Industrial, oligopólico-fordista, constitui o fundamento último do processo, o que é óbvio. Mas as formas e desdobramentos são muito mais complexos. O velho império marítimo inglês, dominante no século XIX, fora obrigado a reconstituir o colonialismo, numa reação defensiva frente aos nascentes competidores, em particular a dinâmica Alemanha bismarckiana. Isso em meio a um continente marcado pela exacerbação do sentimento nacionalista, base da cisão das novas nações e também considerado então como um antídoto ao internacionalismo socialista.

Havia no imaginário dos Estados Maiores Militares a memória da fácil vitória prussiana sobre a França de Napoleão III em 1870. Após o assassinato do herdeiro austríaco em Sarajevo, também se cogitava uma nova guerra balcânica limitada, como o foram as de 1912 e 1913. Mas havia, igualmente, um clima tenso desde que a expansão colonial esgotara suas possibilidades em 1904, num mundo já dividido em esferas de influência. O aprofundamento das alianças diplomáticas e a corrida armamentista conhecida como *Paz Armada* que se seguiram, apesar de impressionantes e ameaçadores, eram encarados ainda como parte do tradicional equilíbrio europeu instituído com a Paz de Westfália em 1648, atualizada com o Congresso de Viena de 1815.

Todavia, as forças armadas que deveriam protagonizar a guerra idealizada como rápida e de baixo custo constituíam agora exércitos de massa, dotados de armamento e organização típicas da sociedade industrial. Iniciado o conflito no verão de 1914, bastaram alguns meses de operações móveis no norte da França para que se estabelecesse um equilíbrio entre os beligerantes, que se entrincheiraram. Setecentos quilômetros de sistemas de trincheiras, barreiras de arame farpado, blindagens, posições de tiro, postos de observação, cercas eletrificadas, torres de artilharia e campos minados se estendiam do Mar do Norte à fronteira suiça.

Então teve início a carnificina que eliminaria o camponês europeu como força histórica. Embora o gás, o tanque, o avião, o lança-chamas e os canhões gigantescos (como o Grande Bertha) tenham feito sua aparição triunfal, tratava-se de armas que apenas posteriormente se tornariam eficazes, após melhoramentos técnicos e emprego pelos exércitos na base de novas estratégias. A grande matança seria feita pela metralhadora e por barragens de artilharia durante os ataques frontais. A lama, as infecções, as privações e epidemias (como a Gripe Espanhola) completariam o quadro. Dois anos após o desencadeamento do conflito, teriam início as greves nas fábricas, os "levantes da fome" (civis), as insubordinações e motins nas trincheiras.

Mas, no leste, os exércitos alemães avançavam na Rússia, que se desintegrava, enquanto no mar ocorria a guerra submarina, com o fim de responder ao bloqueio naval britânico. As colônias alemãs foram perdidas e as operações na Ásia, Oceania e África foram rapidamente encerradas, com exceção da guerrilha alemã na Tanganika. Apenas no Oriente Médio a luta prosseguiria até 1918, com episódios tão épicos como diplomaticamente ambíguos, os quais viriam a constituir a base de futuros conflitos na região, especialmente envolvendo árabes e judeus. Na frente principal, a Batalha de Verdun levou a guerra ao paroxismo, com um massacre de dimensões incalculáveis. A ocupação de territórios minúsculos e sem importância chegava a custar a vida de centenas de milhares de homens, enquanto os aprazíveis campos, bosques e aldeias francesas lembravam uma devastada paisagem lunar.

Ao equilíbrio e ao esgotamento dos contendores somou-se o colapso da Rússia czarista e a insatisfação social generalizada, levando os Estados Unidos a ingressarem no conflito, em 1917. A Rússia buscava sair da guerra por meio de um acordo com a Alemanha, articulado pelo segmento germanófilo da corte russa, sob a influência de Rasputin. Ele foi assassinado e o Czar foi derrubado, numa manobra que pegou desprevenida a revolução social que se articulava. O Governo Provisório manteve o país na guerra, fazendo a tensão crescer. Mas a Rússia pouco podia fazer e os EUA apenas enviavam material e dinheiro, pois necessitavam de tempo para preparar um exército apropriado. O Tio Sam recém convocara os jovens americanos, que pouco sabiam das condições do conflito, por meio do famoso cartaz de recrutamento com a expressão *I want you*.

Enquanto isso, apesar da falta de recursos e homens, a Alemanha se valia de sua impecável organização, que Lenin batizou de *capitalismo de Estado*, o qual foi capaz de manter em pé uma coalizão regional contra outra global. Mas todos os contendores, cansados, jogavam com o tempo, com iniciativas por vezes insólitas. Tentando facilitar a saída da Rússia da guerra, que liberaria seus exércitos para um golpe final no ocidente, a Alemanha autoriza a passagem de Lenin por seu território, pois o líder bolchevique se encontrava exilado na Suíça. Em 7 de novembro de 1917, a revolução socialista derruba o Governo Provisório, propõe a paz geral e negociações com a Alemanha. A proposta de Lenin, ignorada pelos governos beligerantes, teve boa acolhida entre os fatigados soldados e a população.

Isso levou o presidente americano, Woodrow Wilson, a lançar sua versão da paz em janeiro de 1918, por meio dos famosos Quatorze Pontos. Mas a Rússia Soviética saía da guerra (e a contrarrevolução iniciava a guerra civil interna) e os generais alemães lançavam a ofensiva de verão contra os ocidentais. Contudo, esses estavam reforçados pelos americanos, dispondo de abundante material. Embora o exército alemão recuasse organizadamente, sem estar derrotado, sucede-se em algumas semanas a derrocada de seus aliados. Em setembro, a Bulgária, convulsionada por levantes e motins, capitula, sendo seguida pela Turquia Otomana em outubro e, logo, pelo império austro-húngaro, quando a esquadra hasteou a bandeira vermelha e as nacionalidades proclamaram a secessão.

Percebendo que a resistência era inútil, pois as potências da Entente avançavam pelo vale do Danúbio, unidades da marinha germânica, a quem fora ordenado novo e inútil embate contra os britânicos, também hasteavam a bandeira vermelha. A agitação social ganhava as ruas e a Alemanha capitulava sem que seu território houvesse sido ocupado. A paz seria dura para os vencidos, enquanto os impérios multinacionais se desintegravam em meio ao caos e à revolução. A revolução alemã seria esmagada em janeiro de 1919, mas os conflitos sacudiriam a Europa oriental até o fim do ano, com a derrota dos socialistas. Na Rússia, as operações militares durariam até 1922, com o fracasso dos Brancos e das forças de intervenção, e, no Oriente Médio, os combates ainda durariam até o ano seguinte.

A Primeira Guerra Mundial foi o primeiro conflito a ter mais mortos civis (9 milhões) do que militares (8 milhões), além de mais 6 milhões de vítimas da Gripe Espanhola no imediato pós-guerra. A *Belle Époque* dava lugar a um continente com milhões de mutilados e desempregados, num clima sombrio e pessimista, que se expressaria artisticamente no surrealismo e no dadaísmo, mas também nas versões políticas de extrema direita, como o fascismo. A vitória da Revolução Soviética completava o simbolismo de uma ordem que havia sido quebrada, dando lugar a manifestações como *A decadência do Ocidente*, de Oswald Spengler. Os impérios alemão, austro-húngaro, turco e russo deixavam de existir, gerando um vácuo geopolítico.

Apesar da Liga das Nações ser liderada pela França e pela Inglaterra, ela era marcada por uma visão voltada ao passado, tendo a Europa deixado de ser o centro dinâmico do mundo. Mas os verdadeiros vencedores também não estavam à altura dos acontecimentos, pois os Republicanos norte-americanos se impunham e optavam pelo isolacionismo diplomático. Assim, o mundo ficou dividido, com o liberalismo em crise, movimentos irracionalistas, convulsão social e as sementes de uma nova guerra esperando apenas o momento propício para germinar. A primeira guerra da sociedade de massas deixava como legado o fim da Europa dos imperadores e aristocratas, o fim de um mundo e de uma época, e o nascimento de um século marcado por violências e resistências intensas.

Agradeço profundamente à Editora Alta Books pelo apoio a este projeto editorial, executado com profissionalismo e em tempo recorde. E também ao mestrando Guilherme Ziebell de Oliveira, da Pós-Graduação em Estudos Internacionais da UFRGS, que preparou os mapas que compilei a partir dos atlas referidos na bibliografia e de pesquisas pessoais. Seu auxílio tem sido vital para a viabilização de vários projetos.

Paulo Fagundes Visentini
Oxford, março de 2014

AS GRANDES POTÊNCIAS: DO LIBERALISMO AOS IMPÉRIOS COLONIAIS (1890–1904)

O declínio da *Pax Britannica* e o fim da Diplomacia Bismarckiana

As raízes da Primeira Guerra Mundial se encontram na década final do século XIX, quando a Alemanha se torna uma grande potência industrial e abandona a diplomacia bismarckiana, voltada à contenção da França na Europa, e a Grã-Bretanha perde a capacidade de controlar, simultaneamente, o equilíbrio europeu de poder e a hegemonia sobre o sistema mundial. O Imperador Guilherme II demitiu Bismarck e decidiu tornar a Alemanha uma potência naval e mundial, o que se chocou com os interesses ingleses. Em lugar do equilíbrio geral, surgiu uma política bipolar de alianças, que conduziria, posteriormente, ao desencadeamento da guerra. Isso apesar da forte conexão econômica entre as nações (o mundo vivia um ciclo de globalização) e de os monarcas inglês (Eduardo VII), alemão (sobrinho deste) e russo (Nicolau II) serem parentes.

A *Pax Britannica* e seu declínio

O período de mais de um século compreendido entre 1770 e 1890 foi marcado pela predominância inglesa sobre o sistema mundial, consagrada como *Pax Brittannica*. Em 1776 dois acontecimentos anunciam o início de um novo ciclo histórico: a proclamação da independência das treze colônias inglesas da América do Norte e a publicação do livro "A riqueza das nações", do britânico Adam Smith. Ironicamente, a perda de suas treze colônias norte-americanas não significou um revés da Grã-Bretanha ascendente.

Pelo contrário, representou uma derrota para o desgastado colonialismo mercantilista e para o Estado inglês. Assim, ainda que o meio século posterior a 1770 tenha sido marcado por graves perturbações internacionais, a Revolução Industrial inglesa afirmou-se progressivamente, consolidando a ascensão do país e colocando-o numa posição de vantagem qualitativa sobre os demais, situação jamais alcançada até então por qualquer outra nação.

O desafio mais sério enfrentado pela Grã-Bretanha na primeira fase de sua predominância foi a Revolução Francesa (1789–99) e o Sistema Napoleônico (1799–1815). Com a derrota napoleônica, a Inglaterra assegurou sua hegemonia internacional, num sistema baseado no *Equilíbrio de Poderes na Europa* e no *Imperialismo livre-cambista no plano mundial.* O objetivo britânico, plenamente atingido no Congresso de Viena, era evitar a hegemonia de uma única potência sobre a Europa, ou a aliança entre várias delas, que pudesse tornar o continente uma força coesa na política mundial.

A materialização dessa estratégia consistia em manter uma balança de poder entre as potências europeias, nas quais estas consumiriam suas energias e potencialidades, sobretudo em disputas territoriais e dinásticas. Além disso, as potências continentais, reunidas na Santa Aliança (Rússia, Prússia, Áustria e, desde 1818, França), despenderiam parte de seus esforços nas tarefas de repressão social contra as revoluções de cunho popular, liberal e nacional (como as de 1820, 1830 e 1848), minando sua capacidade de renovação.

Com a Europa continental contida, a Grã-Bretanha afirmava o livre comércio como princípio supremo do sistema internacional. Na posição de *Senhora dos Mares* e de *Oficina do Mundo*, a nova potência hegemônica assegurava sua supremacia sobre um *Império Informal*, já que o colonialismo tradicional recuara, dando lugar à Divisão Internacional do Trabalho, fundada numa livre concorrência que só poderia ser vencida pela única nação industrial, ela mesma. A condição insular da Grã-Bretanha foi extremamente importante, pois representava segurança a custos reduzidos, uma barreira para os rivais e uma "estrada oceânica" para o mundo.

Londres manteve apenas as colônias de povoamento (Canadá, África do Sul, Austrália e Nova Zelândia), parte da Índia (que pertencia até 1853 a uma Companhia privada) e pontos estratégicos militares e comerciais em volta do mundo, geralmente ilhas, como parte de uma infraestrutura imperialista que foi sendo conquistada gradativamente, num plano geopolítico muito bem-concebido (Cingapura, em 1819; Malvinas, em 1833; Aden, em 1839; Hong Kong, em 1841, entre outras). Geralmente era a partir dessas bases que a marinha britânica realizava suas intervenções contra os governos recalcitrantes à aplicação do livre comércio.

Os Estados Unidos da América (EUA), neste quadro, gozava de uma posição particular. Desde sua independência até 1850, os EUA tiveram uma modesta participação internacional, concentrando seus esforços na expansão territorial, que os transformaria num país de dimensões continentais, do Atlântico ao Pacífico. A partir de então, o capitalismo americano conheceu uma arrancada impressionante. O PIB passou de US$ 7 bilhões em 1850 para 30 em 1870 e 88 em 1900, enquanto cresciam a população e a imigração europeia, numa nação cortada por ferrovias transcontinentais e cidades em expansão.

O sucesso da *Pax Britannica*, entretanto, dialeticamente gerava os elementos de sua própria negação e superação, pois, desde meados do século XIX, a industrialização expandia-se pelo continente, particularmente no norte da França, Bélgica e oeste dos Estados alemães, avançando depois ao longo das vias de comunicação, em direção ao sul e ao leste. Ganhava fisionomia a "economia nacional", isto é, o nascimento da indústria moderna dentro dos limites do Estado Nacional. A industrialização revolucionava as estruturas dos países onde era implantada, servindo de base para a emergência do nacionalismo e, em seguida, de potências desafiantes à liderança inglesa.

Esse processo, aliás, obrigava a Inglaterra a envolver-se, gradualmente em cenários antes excluídos de seus interesses, como foi o caso da *Questão do Oriente*, nos Balcãs, Mediterrâneo Oriental e na passagem para a Ásia. Nesta região, o declínio do império turco-otomano (O "Homem doente da Europa") colocava Londres em confronto com a Rússia, que buscava abrir uma passagem para o Mar Mediterrâneo. Esse confronto de interesses conduziu à Guerra da Criméia (1853–56), na qual a Grã-Bretanha e a França derrotaram a Rússia. Desde a década de 1870 a Inglaterra também se encontrava presente no Egito, onde foi construído o canal de Suez (1859–69).

Os novos desafios à *Pax Britannica*

As revoluções burguesas "clássicas" (inglesa, americana e francesa) ocorreram quando a indústria moderna ainda não estava constituída, permitindo uma aliança entre a burguesia emergente e os setores populares, unidos contra o absolutismo e os privilégios da nobreza e do clero. Essa combinação de forças possibilitou a liderança burguesa e legou regimes constitucionais, depois também parlamentares e, finalmente, liberais, forjando as estruturas jurídico-sociais necessárias ao desenvolvimento capitalista industrial. No entanto, com as revoluções de 1848, o proletariado passou a ser considerado um aliado perigoso, o que a Comuna de Paris veio drasticamente a confirmar em 1871.

Os anos que se seguiram a 1870 trouxeram uma profunda transformação na situação internacional. Uma das principais causas foi a crescente desigualdade no ritmo de desenvolvimento própria do capitalismo, fenômeno que na Europa se manifesta com clareza no rápido progresso industrial da Alemanha, país anteriormente atrasado. Na fragmentação da Alemanha, e também da Itália, países como França, Rússia e Áustria percebiam uma importante garantia para sua segurança. Mas com os processos de unificação italiana e alemã, a situação se alterou drasticamente. O império alemão, sedento por novos domínios, dispondo de um grande poderio militar e inundando os mercados com artigos de sua indústria, era visto com maior desconfiança pelos seus vizinhos. O crescimento do capitalismo (e do imperialismo) alemão conduziu a um aprofundamento das contradições internacionais na Europa e, posteriormente, no mundo inteiro.

Nos novos países industriais, o Estado impulsionava o desenvolvimento não apenas pelas necessidades de controle social interno, mas também para superar o atraso econômico em relação aos países mais industrializados. Aos que necessitavam queimar etapas, o liberalismo não convinha, como argumentou o economista alemão do século XIX, Friedrich List, em seu livro *A Economia Nacional*, que inspirou a estratégia aplicada pela industrialização alemã. O protecionismo comercial e a intervenção social e econômica do governo eram considerados indispensáveis para o rápido crescimento econômico, até que fosse atingido um nível suficiente de competitividade.

As *revoluções burguesas tardias* ou *pelo alto* marcaram o desenvolvimento histórico da Alemanha, da Itália e, ainda que num contexto distinto, do Japão. Neste sentido, o fortalecimento do jovem império alemão foi acelerado. No plano diplomático, a consolidação do II Reich (1871-1918) passava por uma política de isolamento da França, impedindo o revanchismo e estimulando esse país a desenvolver uma política de grandeza fora da Europa, em direção ao mundo colonial (como forma de sublimar seu nacionalismo humilhado). Esse conjunto de práticas ficou conhecido como *Sistema Bismarckiano* e foi implementado por meio de uma hábil política de alianças que perdurou até 1890, com a queda do chanceler. Iniciava-se um período de preponderância alemã na Europa, conduzindo ao progressivo declínio da política de equilíbrio de poderes estabelecida pela Grã-Bretanha.

O Tratado de Frankfurt consagrou, simultaneamente, a unidade da Alemanha e a elevação deste Estado à categoria de potência maior no continente, tanto no plano industrial como militar. O primeiro Sistema Bismarckiano data de 1872-1873 e, supostamente, deveria ser efêmero e garantir a posição alemã no cenário europeu. Em 1872, Berlim articulou a Liga dos Três Imperadores como uma aliança entre as *potências continentais* — Alemanha, Rússia e império austro-húngaro —, objetivando isolar a França. Paralelamente, Bismarck procurava manter boas relações com Londres, mostrando-se como defensor do *status quo* no continente. Contudo, não era fácil manter dois Estados rivais sob uma mesma aliança. A eclosão da crise balcânica de 1875-78, opondo Rússia e Áustria, deixava a Alemanha em uma posição delicada. O Congresso de Berlim (1878), no qual Bismarck teve um papel preponderante, conseguiu preservar as relações entre as grandes potências.

Nos anos 1880, o Sistema Bismarckiano sofreu considerável evolução. Como reação à invasão da Tunísia pela França (que iniciara seu rearmamento desde 1875), a Alemanha organizou, em 1882, a *Tríplice Aliança* com a Áustria e a Itália, tendo a Romênia aderido a ela no ano seguinte. O segundo Sistema Bismarckiano foi, então, construído. A situação balcânica, porém, manteve-se instável devido ao choque do pan-germanismo e do pan-eslavismo. Esses movimentos representavam, fundamentalmente, a forma ideológica da expansão austríaca (e posteriormente também alemã), e da russa, devido à crise búlgara e ao declínio Otomano. Bismarck tentou um novo acordo, assinando secretamente o Tratado de Resseguro com a Rússia e revogando ao mesmo tempo a Tríplice Aliança.

A Alemanha, ao herdar o papel de principal elemento perturbador do *status quo*, antes ocupado pela França e outrora pela Espanha, afirmou sua preponderância continental. Essa condição ficou evidente nas conferências de Berlim, em 1878, sobre os assuntos balcânicos, destacada anteriormente, e em

1884-85, sobre as questões coloniais na África. Por outro lado, o grande movimento de expansão colonial iniciado nos anos 1880 desbloqueou a força crescente do movimento das nacionalidades que, de certa forma, condicionou a diplomacia europeia nas décadas anteriores.

As potências emergentes e a II Revolução Industrial e Tecnológica

A expansão da industrialização pelo continente, como foi visto, propiciou o desenvolvimento do nacionalismo. Na Europa Central, o nacionalismo possuía um caráter integrador, visando reunir os povos alemães e italianos em Estados Nacionais relativamente homogêneos, enquanto na Europa Oriental, o nacionalismo caracterizava-se pelas tendências centrífugas e desintegradoras, pois era apoiado pelas minorias étnicas (principalmente eslavas) em busca de independência dentro dos impérios multinacionais turco, austro-húngaro e russo. Esse fenômeno de dupla face traria sérias consequências para a Europa nas décadas seguintes.

As potências emergentes

A unidade italiana ocorreu por meio da anexação de toda a península pelo Reino do Piemonte, entre 1859 e 1870, onde concentrava-se boa parte da nascente indústria italiana. Já a unidade alemã foi mais complexa. A tese da *Pequena Alemanha* concebia o processo de unificação por meio da anexação ("a ferro e sangue", segundo Bismarck) pela Prússia, excluindo a Áustria.

O Chanceler prussiano Otto von Bismarck cuidou da preparação diplomático-militar, apoiando-se no nacionalismo étnico e antifrancês e numa aliança entre a aristocracia Junker e a burguesia industrial, liderada pelos primeiros. Um a um, derrotou os países que se interpunham a seu projeto: em 1864, a Dinamarca; em 1866, a Áustria; em 1870–71, a França de Napoleão III. Em todas essas guerras também foram derrotados e subjugados os Estados alemães contrários ao projeto da Prússia. Em janeiro de 1871 foi proclamado o império alemão, ou II Reich, governado pelo Kaiser Guilherme I.

As unificações alemã e italiana alteraram o equilíbrio europeu, ao forjar duas novas potências no centro da Europa, cujo desenvolvimento viria a desequilibrar a balança de poder, na medida em que o II Reich se tornava a potência dominante no centro e depois no conjunto do continente. Além disso, como foi visto, esses processos foram marcados por um novo ciclo de revoluções burguesas na busca da modernização e do desenvolvimento industrial, as *Revoluções burguesas tardias* ou *pelo alto*, ou ainda as *vias autoritárias para o capitalismo.* Na Alemanha, na Itália e no Japão o Estado impulsionava o desenvolvimento, tanto para manter o controle social doméstico como para queimar etapas, buscando superar o atraso econômico em relação aos países mais industrializados.

Tais *Revoluções burguesas tardias e pelo alto* marcaram o desenvolvimento histórico da Alemanha, da Itália e mesmo do Japão (não por acaso, os futuros integrantes do Eixo na Segunda Guerra Mundial). Depois que a esquadra norte-americana forçou a abertura do Japão em 1853, as elites nipônicas procuraram evitar que o país sucumbisse ao colonialismo ocidental. Para tanto, desencadearam uma revolução modernizadora a partir de 1868, a Restauração Meiji. O Japão iniciou uma industrialização acelerada, em padrões semelhantes aos da *via prussiana.* Esse sucesso não se deveu apenas à vontade política da elite japonesa, mas à situação particular do país, que, pela limitação de seu mercado interno e de seus recursos naturais, escapou da voracidade colonialista, que se dirigiu para a China, devido às maiores perspectivas que este país apresentava.

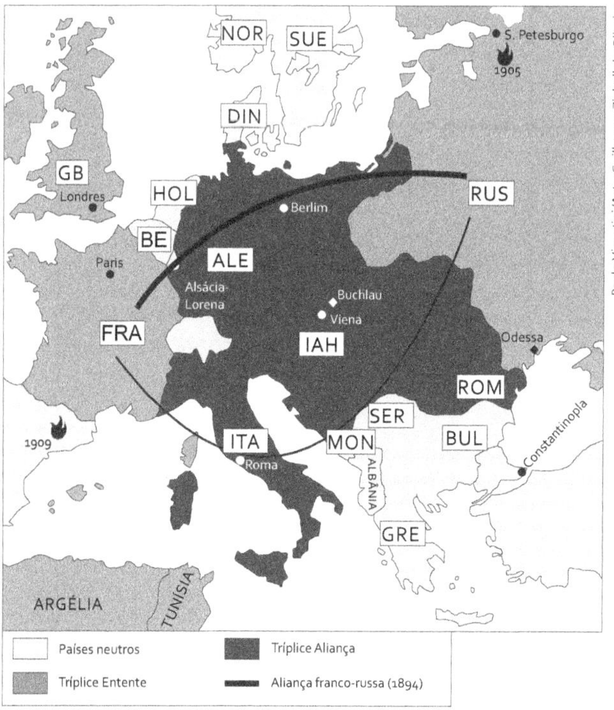

Diplomacia Europeia Pós-Bismarckiana

A II Revolução Industrial e Tecnológica

Este novo contexto histórico encontra-se associado à II Revolução Industrial, um novo ciclo gerado pela extensão do sistema fabril a novos campos de atividade econômica: a ampliação do papel da ciência na tecnologia; a busca de maiores mercados potenciais; o aumento das dimensões das empresas e dos salários dos contingentes operários urbanos; a concentração da produção e da propriedade; a crescente competição dos novos países industriais.

A nova Revolução Industrial desenvolveu setores como a eletricidade (aplicada à energia, motores e transporte), a química (responsável pelas novas matérias-primas) e os motores à explosão, que revolucionaram os transportes e tornaram o petróleo economicamente estratégico (EUA e Rússia eram os maiores produtores). A metalurgia constituiu outra marca da nova industrialização, com o aço e novos metais (níquel, alumínio etc.) sendo intensamente utilizados em navios, trens, pontes, construções, armas (inventou-se a metralhadora, o submarino e o torpedo) e veículos automotores.

A agricultura, com a utilização de máquinas, fertilizantes químicos e novos cultivos, ampliou a produção mundial de alimentos, contrariando as previsões de Malthus e tornando os EUA, o Canadá, a Austrália e a Argentina celeiros mundiais. Os sistemas de comunicação e transporte desenvolveram redes em escala planetária, com os telefones, telégrafo sem fio, cabos submarinos, ferrovias transcontinentais (transcontinentais na América do Norte, transandina, transiberiana e transeuropeias), canais interoceânicos (Suez, Panamá) e rodovias para os automóveis.

Adotou-se a produção em série, utilizando-se intensivamente o maquinismo, a racionalização dos métodos de trabalho e a gestão empresarial científica (Taylor, Fayol e Ford), que, em seu conjunto, geraram o *fordismo*. Esse processo era acompanhado por um vertiginoso movimento de concentração de empresas (os *trusts* e *holdings* norte-americanos e os *cartéis* alemães) e o progressivo domínio do capital financeiro sobre o processo produtivo. A fusão do capital bancário e industrial produziu formas oligopólico-monopolistas, que visavam superar a instabilidade dos mercados, bem como reduzir e controlar a concorrência, gerando preços artificiais. A ascendência do capital bancário impôs o padrão ouro, que estabilizou as finanças mundiais.

Mas o comércio internacional tornou-se cada vez mais protecionista (o neomercantilismo), devido à crescente concorrência internacional e visando evitar as crises cíclicas de superprodução típicas do capitalismo. O aprofundamento desse processo conduzirá ao *imperialismo*, fenômeno analisado adiante, que foi expresso pela conquista e controle direto de vastas regiões da periferia do sistema mundial. Ao mesmo tempo, os novos instrumentos industriais e tecnológicos potencializavam a expansão europeia e a ciência militar.

Os novos impérios, sua rivalidade e a partilha do mundo colonial

Durante a década de 1870, a Grã-Bretanha começou a perder o controle da balança de poder na Europa, e logo também no plano mundial. Bismarck tivera sucesso em isolar a França e elevara a Alemanha a uma posição de predominância no Velho Continente, em relação ao qual a diplomacia inglesa mantinha-se em postura de vigilante isolamento. Mas, acima do sistema europeu, existia uma política mundial protagonizada pela Grã-Bretanha e pela Rússia, em que logo a França ingressaria como o terceiro membro, e na qual a Alemanha desempenhava um papel insignificante. O *Novo Rumo* adotado pela política externa alemã dos sucessores de Bismarck a partir de 1890 constitui, justamente, uma tentativa de participar dessa política mundial, atitude também tomada pelos Estados Unidos e pelo Japão nesse mesmo período.

Os novos impérios e potências

Que razões estavam levando as potências industriais a se orientarem rumo à expansão mundial? A Grã-Bretanha, potência dominante do sistema anterior, começava a perder sua capacidade de manter-se como centro da economia mundial e, devido ao crescente *déficit* comercial com os EUA e a Alemanha, adotara desde 1880 um política de expansão na África, Ásia e Oceania, que ficou conhecida como *imperialismo*. A questão fundamental em relação ao sistema internacional é que a II Revolução Industrial estava criando novas realidades econômicas internacionais, as quais começavam a subverter a relação existente entre as várias potências, que até agora havia sido controlada pela diplomacia inglesa. A partir de então, a existência de um mercado interno de porte e com uma capacidade potencial de crescimento passou a ser uma condição fundamental para o desenvolvimento econômico num mundo onde crescia a concorrência e o protecionismo.

Neste contexto, os Estados Unidos apareciam como fortes candidatos à supremacia mundial, apesar das excelentes relações diplomáticas que o país possuía com a Inglaterra. Os EUA se haviam expandido pela América do Norte, criando um *império doméstico compacto*, detentor de uma dimensão continental, com grandes recursos naturais e uma posição insular, devido à inexistência de vizinhos que pudessem ameaçá-lo e à projeção para dois oceanos, que, além de proteger o país, colocavam-no face ao cenário europeu e asiático, simultaneamente. Além disso, Washington adotou uma eficaz política comercial protecionista, fechando seu mercado interno às mercadorias estrangeiras, mas não aos capitais, imigrantes e empreendimentos de outros países. Esse conjunto de fatores obviamente operava no sentido de uma erosão do liberalismo, prejudicando a Inglaterra, cuja reação era a de buscar a expansão colonial.

Já o caso da Alemanha configurava-se mais problemático ainda. Potência emergente com grande dinamismo econômico, o II Reich não possuía nem as vantagens internas dos EUA, e teria que vencer uma grande distância para alcançar a Grã-Bretanha na expansão colonial que se iniciava. Só lhe restou a alternativa de criar um complexo industrial-militar, como forma de compensar suas debilidades. Isto, entretanto, não resolveu seus problemas, pois o país passou de tributário da Inglaterra a tributário dos Estados Unidos, a quem exportava capitais, mão de obra e recursos empresariais. Essa situação explica a obsessão alemã com a política expansionista do *Lebensraum* (busca do espaço vital), uma vez que o país não lograva converter sua capacidade industrial em capacidade para liderar a economia mundial. O resultado foi o desenvolvimento de uma geopolítica particular pela Alemanha, como será visto adiante.

A Alemanha iniciou tardiamente sua expansão colonial. Somente em abril de 1884 se instalou no Togo, em Camarões, no sudoeste e oeste africanos, depois em certas ilhas do Pacífico. Para Bismarck, a África não interessava, mas sim a Europa. Essa perspectiva torna-se aparente nas relações entre a Alemanha e a França. Para afastar a França da Alsácia-Lorena, estimulou-a com a possibilidade da expansão africana. Há, portanto, no movimento de expansão colonial, a transposição, além-mar, dos hábitos da diplomacia de equilíbrio europeu. Mas há também uma nova contradição: essa expansão criou novas hostilidades e reanimou rivalidades antigas.

Se, por um lado, a expansão colonial solucionava provisoriamente o problema com os franceses, por outro, as pretensões britânicas em relação ao colonialismo tornavam-se um problema. A política exterior da Grã-Bretanha até então primava pelo denominado "esplêndido isolamento": supunha-se que o país poderia sempre se aproveitar dos conflitos entre as potências continentais para tratar tranquilamente dos assuntos relacionados com as colônias e mercados em todas as partes do mundo. As relações entre a Alemanha e a Grã-Bretanha, na segunda metade dos anos 1880, pautaram-se na habilidade de seus representantes em explorar as contradições e rivalidades um do outro, evitando um confronto.

Os interesses antagônicos entre os dois Estados ganhariam, contudo, nova dimensão. Enquanto Bismarck pretendia formular e implementar uma política exterior que garantisse a independência e integridade do II Reich, obtendo a preponderância na política continental (conservando as condições de poder alemão e não as desperdiçando em aventuras coloniais), a Grã-Bretanha buscava a ampliação dos seus espaços de atuação em regiões estratégicas para a continuidade do seu desenvolvimento industrial. A situação de Bismarck complicou-se durante as negociações de 1889 com a Grã-Bretanha, embora as circunstâncias internas do império alemão tenham sido mais eficazes para sua queda.

Guilherme I faleceu em março de 1888 e, três meses depois, seu filho Frederico III também faleceu. Guilherme II subiu ao poder e logo as divergências entre o novo *Kaiser* e Bismarck levaram o chanceler a pedir sua demissão depois de 28 anos de permanência no comando do Governo, primeiro da Prússia e, depois, do império alemão. Esse fato ocorreu no momento em que Bismarck e o governo russo iniciavam as negociações para renovar o Tratado de Resseguro, vigente até 1890. O novo chanceler, general Caprivi, em consonância com Guilherme II, trazia uma nova concepção para a política exterior do império: o desenvolvimento industrial e financeiro impunha a necessidade de expansão do poder alemão em escala mundial. Assim, a *Weltpolitik* (política mundial) substituiria a política europeia conservadora de Bismarck, caracterizando as ambições da Alemanha a partir de 1890. A busca de um *status* de potência marítima por parte da Alemanha viria agravar o antagonismo com a Inglaterra.

As potências europeias, particularmente a Inglaterra, optavam por formas de dominação indiretas, explorando a condição de dependência informal e a inserção desses espaços na esfera comercial pela via do livre-cambismo. De qualquer forma, com o desaparecimento do domínio colonial espanhol e português na América, o único império verdadeiramente mundial era o britânico (dado que a Rússia não tinha uma motivação capitalista) e suas bandeiras inauguraram uma nova fase imperialista. Assim, em lugar dos impérios mercantis, até 1870–80 a Grã-Bretanha apresentava-se como o maior império marítimo colonial.

A ambição pelo controle absoluto de territórios africanos e asiáticos despertou tardiamente, embora algumas regiões tivessem valor estratégico, como o Egito e o sul da África, devido à sua posição geográfica, facilitadora para o estabelecimento de rotas comerciais. E, ainda, depois das descobertas de reservas minerais, essa última região ganhou importância econômica. Todavia, o final do século XIX viria a ser o período, por excelência, das guerras coloniais. Os conflitos intensificavam-se na medida em que as potências europeias ordenavam operações em qualquer ponto dos outros continentes.

Após uma década de relativa calma, a França conquistou a Tunísia em 1881; partindo da Cochinchina, tomou o Tonquim, em 1884-85, e, de 1880 a 1885, juntamente com a Associação Internacional do Congo (patrocinada por Leopoldo II, Rei da Bélgica) penetrou na África Equatorial. A Grã-Bretanha, a partir de 1882, se instalou no Egito, em breve se estendendo da Birmânia litorânea para o Norte. A Conferência de Berlim (1884-85) fixou as regras do processo, pois a expansão passou a ser uma necessidade, devendo ser notificada qualquer anexação às potências estrangeiras.

Com exceção dos russos, todas as iniciativas expansionistas demandavam um esforço naval. Embora houvesse campanhas de curta duração, a maioria delas desenrolava-se em condições difíceis, exigindo tempo e grande esforço de homens e material. O pouco conhecimento das populações, de suas línguas, de suas culturas e de suas formas de combate implicava problemas complexos. Não há dúvida de que a superioridade técnica e militar dos europeus era esmagadora, mas a necessidade de se adaptarem ao novo meio não garantia sucesso imediato. Em muito foi utilizada a cooptação de forças auxiliares entre os povos colonizados, como forma de manter a ordem. Mas, por outro lado, não se pode desconsiderar as forças precedentes existentes nas regiões dominadas.

Em relação à política continental, os sucessores de Bismarck optaram por estreitar seu vínculos com a Áustria, deixando espaço para que ocorresse uma aproximação entre a França e a

Rússia. Os investimentos franceses na economia russa criaram as condições para a assinatura de um acordo militar secreto, de caráter defensivo, contra a Tríplice Aliança. É importante lembrar que a aliança franco-russa criava uma ameaça para a Alemanha em suas fronteiras oeste e leste, simultaneamente. Outro aspecto fundamental a destacar é que esse acordo terminava com o isolamento da França e restabelecia uma forma (precária) de equilíbrio europeu. A partir desse momento, as potências europeias passaram a buscar a expansão colonial por meio do imperialismo e a política de alianças passou a resultar principalmente de eventos extraeuropeus.

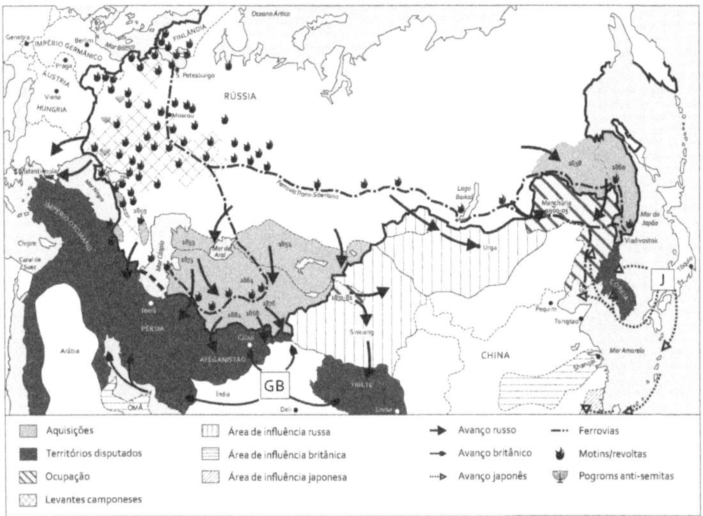

Paulo Visentini/Arte: Guilherme Ziebell de Oliveira

A Geopolítica Mundial: A Rivalidade Anglo-Russa

O imperialismo e a partilha da periferia colonial

O termo imperialismo foi enunciado pelo economista inglês Hobson, num livro lançado em 1902. Seu estudo teve o mérito de demonstrar o caráter econômico do fenômeno imperialista, bem como que a existência de excedentes de capitais para exportação nas metrópoles era uma decorrência da falta de distribuição de renda. O trabalho pioneiro de Hobson foi desenvolvido posteriormente por Lenin no livro *Imperialismo, etapa superior do capitalismo.* Para esse revolucionário marxista russo, o imperialismo caracterizava-se por uma concentração da produção e dos capitais, que conduziam aos oligopólios, a fusão do capital bancário e industrial, gerando o capital financeiro, a exportação de capitais, a associação dos grandes monopólios econômicos, que repartiram o mundo e, finalmente, a conquista e divisão dos territórios periféricos pelas grandes potências, criando imensos impérios coloniais.

As sociedades metropolitanas justificavam ideologicamente a conquista e dominação dos povos coloniais por meio de teorias como o darwinismo social, que concebia a existência como uma luta pela sobrevivência (onde os fortes predominam), pela consciência de uma missão civilizadora da raça branca e pelas teorias da superioridade racial. Além disso, o nacionalismo teve um papel fundamental na expansão imperialista, encontrando suporte em autores como Nietzsche e sua tese da "vontade de potência" das nações.

A política colonialista foi defendida por políticos e intelectuais como Jules Ferry na França, Disraeli e Joseph Chamberlain na Inglaterra, Leopoldo II na Bélgica, Guilherme II na Alemanha e Theodore Roosevelt nos Estados Unidos. Além de invocar os argumentos acima esboçados, esses e outros defensores da expansão imperialista justificavam que essa era necessária à elevação do nível de vida das classes trabalhadoras metropolitanas. Esta tese, inclusive, acabou convencendo muitas lideranças operárias a apoiarem o expansionismo de seu país, criando assim interesses comuns com as burguesias nacionais. Era o fenômeno do social-patriotismo, que viria a implodir a II Internacional em 1914. Até então, ela, formalmente, defendia a união dos operários de todo o mundo contra suas elites e uma greve geral para impedir a guerra. Mas o que houve foi a adesão da maior parte da mesma à guerra, numa perspectiva patriótica.

No início desse processo, a principal rivalidade internacional opunha a Grã-Bretanha e a Rússia, na região que ia desde os estreitos turcos até a Ásia central. O império russo expandia-se para essa área por terra, incorporando partes dos decadentes impérios turco, persa e outros, enquanto a expansão britânica dava-se a partir dos oceanos e da Índia. O crescente agravamento dos problemas europeus levou ambos os países a chegarem a um acordo, dividindo a região em áreas de influência. Enquanto isso, a corrida colonial se acelerava. A Europa possuía bases e enclaves litorâneos nos demais continentes, de onde foi desencadeada a conquista do interior destes.

Já desde a segunda metade do século XIX, missionários religiosos e expedições de exploração científica penetravam para o interior dos continentes, particularmente a África. A partilha da África resultou numa disputa particularmente acirrada entre os Estados europeus, obrigando-os a estabelecerem algumas regras comuns, o que foi conseguido na Conferência de Berlim, em 1885. A conquista dos imensos territórios coloniais foi possível graças à superioridade militar, econômica e tecnológica dos europeus, e foi obtida pela guerra e pela exploração das rivalidades existentes entre os povos dessas regiões.

Do ponto de vista macro-histórico é importante considerar que esse fenômeno produzia uma espécie de *ocidentalização do mundo*, às vezes superficial, outras profunda. Também convém salientar que a dinâmica imperialista poucas vezes obedecia a um cálculo de custo-benefício de curto prazo. A maioria das colônias era deficitária inicialmente, o que levou grupos conservadores metropolitanos a opor-se ao imperialismo, com a finalidade de equilibrar o orçamento doméstico. Contudo, isso não significa que a expansão das potências da época tenha constituído um fenômeno irracional ou apenas tenha sido motivada por uma política de prestígio. A concorrência entre os polos desenvolvidos havia adquirido tal intensidade, que era necessário preparar o futuro.

Não ocupar uma região por ser relativamente pobre era deixar espaço para outra potência, que posteriormente poderia aí descobrir recursos importantes. Assim, a motivação econômica era um elemento decisivo *em última instância*, decorrente estruturalmente das necessidades da II Revolução Industrial, e não um objetivo imediato. Por isso, um país como a Alemanha, apesar de ter poucas colônias, constituía uma potência mundial, na medida em que possuía uma indústria expressiva, um comércio de âmbito mundial, capacidade de exportar capitais e um exército forte. Mas, como o desenvolvimento histórico posterior viria mostrar, com o crescente protecionismo mundial, a Alemanha acabaria tendo que conquistar um império colonial expressivo ou lograr outra forma de expansão territorial.

A expansão da Grã-Bretanha gerou rivalidades que a forçaram a abandonar seu isolamento e a buscar alianças na Europa. No Pacífico, Londres se inquietava com a crescente presença norte-americana por meio da diplomacia do dólar e de sua política de *portas abertas* na China. Na África, a França conquistara a Tunísia e procurava controlar o Alto Nilo, gerando o incidente de Fachoda, e Londres teve também que travar uma dura guerra contra os *Boers* sul-africanos de 1899 a 1902. No continente asiático, a rivalidade com a Rússia foi sempre um motivo de preocupação. Assim, a Inglaterra procurou aproximar-se da Alemanha (com a qual ainda não possuía litígios), visando compensar a aliança franco-russa. Mas a crescente rivalidade comercial e a decisão alemã de ampliar seu poderio naval inviabilizaram esse acercamento. O Kaiser Guilherme II definira como princípio "a política mundial como missão, a potência mundial como meta e o poderio naval como instrumento". Londres então voltou-se para a França, com a qual negociou e solucionou as rivalidades coloniais no Marrocos e no Egito.

Esse acercamento, entretanto, apresentava problemas, pois a Inglaterra era contrária à política russa nos Balcãs. Mas quando a Alemanha passou a colocar-se como protetora da integridade turca, Londres e São Petersburgo (então capital do império russo) encontraram um terreno comum de cooperação, ao menos em relação à *Questão do Oriente*. As crescentes disputas nessa região evidenciavam a tentativa de expansão geoeconômica em direção a uma área que ganhava importância com a exploração do petróleo.

Já no tocante à *Questão do Extremo Oriente*, a Grã-Bretanha opunha-se à presença russa na região, e apoiava o Japão, que despontava como potência imperialista regional, após derrotar a China em 1895 e arrebatar-lhe Formosa e a Coreia. A China, aliás, era um dos pontos sensíveis da política mundial da época, pois, com a decadência da Dinastia Manchu, o país sofreu desmembramentos com os *Tratados Desiguais* e ainda enfrentou a Revolta dos Boxers, que só foi derrotada graças à intervenção conjunta das potências imperialistas.

O cenário internacional da época passou a caracterizar-se pela existência dos: a) *antigos impérios coloniais* de épocas anteriores, como os da Espanha (Filipinas e Cuba), Portugal (Angola, Moçambique e enclaves asiáticos) e Holanda (Indonésia e Guiana), que sobreviveram e ampliaram-se (geralmente sua exploração era compartilhada por outras potências ou empresas estrangeiras); b) *grandes impérios coloniais* da Inglaterra (o maior de todos, com o Canadá, Caribe, grande parte da África, Índia, Austrália, Nova Zelândia, ilhas do Pacífico, Malásia) e da França (África Ocidental, Madagascar, Caribe, Indochina e ilhas do Pacífico); c) *novos impérios* da Bélgica (Congo), Alemanha (partes da África e ilhas da Oceania), Itália (trechos da África muçulmana), e do Japão (Formosa, Coreia e ilhas da Oceania), país que passou de uma condição "continental" (voltado para dentro), para uma posição "oceânica" (voltado para fora); d) *impérios continentais*, de expansão em territórios contíguos como a Rússia e os Estados Unidos.

Este último, que já havia conquistado posições importantes no Pacífico e estava presente na Bacia do Caribe, fez sua entrada triunfal na política mundial em 1898. Neste ano, os EUA entraram em guerra com a Espanha, arrebatando-lhe Cuba, Porto Rico e Filipinas. Os dois últimos tornaram-se territórios coloniais norte-americanos e Cuba uma espécie de semicolônia, frustrando as aspirações dos grupos que lutavam pela independência nestas possessões espanholas, quando ocorreu a invasão americana. Em 1903, Washington promoveu a independência do Panamá em relação à Colômbia, onde anexaram a área em que se encontravam interrompidas as obras do canal transoceânico, que os EUA concluíram e inauguraram em 1914. As Filipinas eram estratégicas para a presença norte-americana na Ásia, dando maior consistência à política de *portas abertas* em relação à China.

O Caribe, por sua vez, transformava-se no *mare nostrum* estadunidense, controlando a passagem marítima do Atlântico para o Pacífico, e abrindo caminho para a expansão econômica que se iniciava em direção à América do Sul. No subcontinente sul-americano, os EUA apoiavam-se numa aliança não escrita com a recém-proclamada república brasileira, como forma de penetração comercial e financeira, estabelecendo ainda uma balança de poder, na qual esperavam contrabalançar a presença econômica inglesa, principalmente na Argentina. Em relação à América Central e aos países mais fracos do continente, valia o *Corolário Roosevelt à Doutrina Truman,* ou *Big Stick*, o "grande porrete", com o qual o Presidente Ted Roosevelt impunha os interesses *yankees.*

A rapidez com que emergiu a nova política exterior norte-americana deveu-se tanto às dimensões alcançadas pela economia deste país, que precisava projetar-se para fora, como também pela preocupação dos EUA em relação à presença de enclaves europeus no Caribe, América Central e Guianas. Estes poderiam vir a servir de cabeça de ponte para o estabelecimento de impérios coloniais europeus na região, tendo em vista a debilidade da maioria dos Estados latino-americanos de então. A Amazônia foi uma das regiões que, com o ciclo da borracha, correram esse risco.

A diplomacia europeia, neste período, já não estava mais subordinada a um sistema político global, pois as regras do livre comércio haviam perdido sua eficácia como elemento regulador das relações internacionais. Contudo, da interação das políticas europeias e extraeuropeias surgirá um conjunto de práticas características da era imperialista. A maioria dos antagonismos surgidos nesta época geralmente foi solucionada de forma pacífica entre as potências imperialistas, mas por meio de uma política preventiva de demonstração de força.

Seria apenas uma questão de tempo para que as boas maneiras diplomáticas cedessem lugar a um confronto aberto, quando as possibilidades de resolver os problemas por meio da expansão colonial terminassem. E isso ocorreu em 1904, quando as grandes regiões já estavam ocupadas ou designadas, e a ampliação de um império somente poderia ser feita em detrimento de outro. As tensões, a partir de então, se voltam, novamente, para dentro da Europa. Neste contexto, em 1904, o acordo entre a Grã-Bretanha e a França para resolução das disputas sobre o Egito e o Marrocos lançaram as bases da *Entente Cordiale*. Contudo, no âmbito diplomático e do Direito Internacional, Londres ainda não assumira compromissos formais, o que só ocorreu após a eclosão da Primeira Guerra Mundial, com a invasão da Bélgica (neutra) pela Alemanha.

Da Questão do Oriente à do Extremo Oriente: a rivalidade anglo-russa

Outro foco de problemas internacionais foi a chamada Questão do Oriente. O enfraquecimento e declínio do império otomano gerou uma situação em que a área dos Estreitos de Dardanelos e do Bósforo e os Balcãs passaram a ser alvo de disputa das principais potências europeias, entre elas Rússia, Grã-Bretanha, França e Áustria. A Rússia, afastada das rotas comerciais, desenvolveu a política de buscar uma saída para o Mediterrâneo por desses estreitos, conhecida como "acesso aos mares quentes e livres". O país somente possuía acesso a mares semifechados, cuja saída era controlada por outras potências, como o caso do Mar Báltico e do Mar Negro, totalmente fechados como o Mar Cáspio ou gelados em boa parte do ano, como os Oceano Ártico e o norte do Oceano Pacífico. Assim, ainda que constituindo um estado continental, a Rússia possuía um complexo de cerco.

No Oriente Médio, em decorrência da intervenção napoleônica, formou-se em 1808 o Egito autônomo, comandado por Mohamed Ali, um general albanês do exército turco. Mohamed Ali criou uma verdadeira potência, com políticas modernizadoras e desenvolvimentistas e um grande exército, que chegou ameaçar o sultão turco. A intervenção europeia em defesa da Turquia, em 1839–41, obrigou Ali a acatar o domínio turco e a desmantelar seu regime econômico, aceitando os interesses econômicos semicoloniais anglo-franceses no Egito em troca do estabelecimento de sua dinastia no país (que perduraria até os anos 1950). Em 1841, como recompensa pelo apoio ao Sultão turco, a Inglaterra obtém o fechamento dos Dardanelos aos navios russos.

Assim, o decadente império turco ganharia uma sobrevida até a Primeira Guerra Mundial. A Grã-Bretanha não admitia a expansão russa à custa do império otomano, pois tinha grandes interesses políticos e econômicos na região, procurando garantir o controle sobre as rotas terrestres e marítimas em direção à Índia, fundamental para o império britânico. A França, por sua vez, isolada na Europa, tinha interesse em várias áreas do império otomano, especialmente o Egito. Por fim, a Áustria, também carente de bons portos estava interessada na livre navegação do Rio Danúbio. Dessa forma, o império otomano sofreu constantes fraturas em decorrência dos choques internacionais das potências interessadas nos Bálcãs. Como resultado, os turcos acabaram por recuar gradativamente da península, contribuindo para a efervescência dos diferentes nacionalismos: búlgaros, romenos, gregos, sérvios, entre outros, organizaram-se em novos Estados tornando bem mais complexa a situação europeia.

A conquista da Índia e a constituição de tropas anglo-indianas constituíram-se em pontos de apoio para a expansão dos domínios britânicos e para a ação diplomática em direção aos Estados vizinhos, Irã, Afeganistão, países da Indochina e o Extremo Oriente, como foi visto. A diplomacia britânica utilizou várias vezes a justificativa de que suas conquistas no Oriente Próximo e Médio eram necessárias para defender a Índia e os países limítrofes de possíveis agressões externas, principalmente por parte da França e da Rússia. Já no final do século XVIII, agentes diplomáticos da Grã-Bretanha e da França penetraram inúmeras vezes no Irã. O mercado iraniano atraía a burguesia britânica e francesa.

Sua posição estratégica em relação às fronteiras com a Rússia, com a Turquia e os acessos da Índia à Ásia Central conferiam ao país significado colonial. Em 1801, a Companhia das Índias Orientais assinou um tratado político e um convênio comercial com o xá do Irã. Nesses acordos foi estipulada uma aliança entre os dois países contra o Afeganistão (os iranianos ambicionavam anexar as terras afegãs limítrofes com o seu território) e o compromisso iraniano de não permitir a passagem, pelas suas terras, das tropas de nenhuma potência europeia que se dirigisse às fronteiras da Índia. Em contrapartida, o Irã receberia armas e dinheiro. Os comerciantes britânicos estariam autorizados a exportar tecidos e ferragens ao país e a se estabelecerem nos portos iranianos.

A Rússia, após sua contenção em relação à Turquia, desviou sua expansão mais para leste, avançando sobre o império persa nas duas margens do Mar Cáspio e sobre os decadentes canatos da Ásia central, como o Turquestão. A região foi ocupada entre os anos 1860 e 1880 e, a partir de então, as tribos afegãs passaram a ser visadas por São Petersburgo. Mas, nesta região, chocou-se com a expansão dos ingleses, a partir da Índia.

Assim, a Pérsia e o Afeganistão (na realidade uma confederação tribal) viriam a se tornar Estados-tampão entre o imperialismo russo e inglês, mantendo suas independências. A Pérsia chegou a ser dividida em áreas de influência dos dois países em 1907, com uma zona neutra no centro. Evoluindo por uma linha de menor resistência, a Rússia então acelerou sua expansão em direção às periferias oriental e setentrional da China, anexando territórios e estendendo sua influência sobre a Mongólia Exterior, o Turquestão chinês (Sinkiang) e a Manchúria. A *Questão do Oriente* evoluía para a *Questão do Extremo-Oriente.* A projeção do poder russo em direção à Coreia provocaria um choque com o Japão e, indiretamente, com a Inglaterra.

Quanto às relações entre a China e a Rússia, até 1860, não havia nenhum comércio marítimo entre os países. Ao contrário da Grã-Bretanha e dos Estados Unidos, que se dedicavam ao contrabando do ópio, a Rússia praticava minimamente tal atividade. As enormes distâncias, a baixa densidade populacional e as dificuldades em atravessar a Sibéria faziam da China um espaço mais débil para a atuação da Rússia que, até a Guerra da Criméia, era vista como uma grande potência militar na Europa. Diante das preocupações russas em sufocar o movimento revolucionário na Europa e de manter sua política no Oriente Próximo, era mais interessante que a China mantivesse sua independência e debilidade, do que servir como instrumento de uma Grã-Bretanha poderosa. A abertura dos portos chineses ameaçava o comércio sino-russo, que se desenvolvia por terra. De qualquer forma, os russos procuraram firmar alguns acordos comerciais com a China, visando principalmente às regiões periféricas do noroeste chinês, onde as condições geográficas fariam impossível a concorrência ocidental.

Em relação ao Japão, a Rússia tinha necessidade de estabelecer relações comerciais para abastecer os povoados do Alasca (que venderiam aos EUA em 1867, evitando que fosse controlado pelos britânicos a partir do Canadá), das ilhas Aleutas e Kurilas, bem como as costas do Mar de Okhotsk. Contudo, o alargamento dos domínios russos no Oceano Pacífico despertou certa hostilidade e inquietude nos círculos dirigentes japoneses. Na primeira metade do século XIX, tanto o Japão quanto a Coreia seguiram isolados do resto do mundo. Porém, a primeira guerra do ópio e os tratados desiguais estabelecidos com a China prepararam o terreno para a exploração colonial de toda a região asiática pelas potências coloniais.

A "PAZ ARMADA": O CAMINHO PARA A GUERRA (1904–1914)

As massas na política: nacionalismo e socialismo

As transformações geradas pela Segunda Revolução Industrial, analisadas anteriormente, geraram um forte crescimento demográfico e uma urbanização acelerada. Essa expansão das cidades resultava da lógica do capital e constituía um modelo ocidental triunfante, que se generalizava pelo planeta. O crescimento populacional, combinado com a modernização econômica que afetava a Europa, propiciou a formação de um expressivo fluxo migratório em direção às colônias de povoamento, à região platina e, principalmente, aos Estados Unidos. Contudo, se a emigração europeia servia para aliviar determinadas tensões sociais, nem por isto diminuía o impacto da formação de uma *sociedade de massas*, pois o aumento da população e sua concentração nas cidades, produziam novos fenômenos sociais.

Como foi visto, a II Revolução Industrial acelerou tecnicamente as comunicações e criou novos meios de difusão de ideias. Esse fenômeno se dava paralelamente ao ingresso de grandes contingentes humanos na vida política. A entrada das massas na política, longe de constituir um mero problema quantitativo, representou uma mudança qualitativa na vida social. Dois elementos que acompanharam esse processo tiveram impactos particularmente importantes: a expansão do sistema educacional público e o surgimento de uma imprensa popular acessível ao homem comum.

A escolarização constituía uma necessidade inerente ao progresso técnico-industrial, mas seus efeitos não se restringiam à alfabetização e à obtenção de conhecimentos técnicos, pois a escola representava também um meio eficaz de socialização. Se, por um lado, a educação teve um caráter predominantemente secular, estabelecendo a crítica à religião e estimulando o pensamento materialista e cientificista, por outro serviu largamente como meio para a difusão do nacionalismo pelos governos. O nacionalismo, sem sombra de dúvida, se revestiu de variados matizes, mas geralmente foi utilizado como meio de legitimação do Estado e dos governos, como fator de unidade social e como forma de apoio ao imperialismo e ao colonialismo. Isso permitia a união dos trabalhadores com os empresários de seu país, na luta contra as potências rivais.

Nesta mesma linha, os governos conseguiam estimular uma ideologia mobilizadora para combater a propagação das ideias socialistas, que ganhavam terreno. A convergência dos novos elementos técnicos com os fenômenos sociais acima descritos dotou o nacionalismo de uma sólida base popular (cujo núcleo ativo foi geralmente a classe média), o qual serviu também para embasar a formação de um mercado e de uma economia nacional. A política internacional passou, desde então, a contar com um componente popular, identificado como "opinião pública", vinculando-se desta maneira diretamente à política interna de cada estado.

Em alguns países, o nacionalismo revestiu-se de contornos raciais, desenvolvendo-se como correntes políticas pan-germanistas, pan-eslavistas e anglo-saxônicas. Esse fenômeno foi particularmente importante no caso da Alemanha, pois a unificação deixara de fora as minorias alemãs da Europa centro-oriental. Na medida em que a expansão econômica passou a se dirigir para os Balcãs, o pangermanismo também se tornou um elemento de peso na política austríaca, servindo como elemento de legitimação da política desses países para a região. Mas a península balcânica era, principalmente, o lar dos eslavos do sul (a maioria deles de religião ortodoxa), submetidos aos impérios multinacionais austríaco e turco. Assim, o pan-eslavismo servirá como instrumento ideológico para o império russo alcançar seus interesses nessa região, justificando-se como defensor da religião ortodoxa e das minorias eslavas. Os anglo-saxões, por sua vez, concebiam como missão histórica o desenvolvimento do império colonial e a primazia mundial de sua civilização.

O operariado urbano-industrial consolidou-se como classe durante este período, e suas organizações políticas e sindicais se expandiram constantemente. Esse fenômeno viria a ter um impacto decisivo sobre o desenvolvimento histórico subsequente, inclusive porque suas organizações se articularam por meio de estruturas supranacionais. Em 1864 foi criada em Londres a Associação Internacional dos Trabalhadores, ou Primeira Internacional. Protagonizada por Marx e Bakunin. A Primeira Internacional deixaria de existir em 1872.

A Segunda Internacional, fundada em 1889 em Bruxelas, já possuía mais força e coesão, baseada que estava em poderosos partidos operários como o Partido Trabalhista britânico, os Partidos Socialistas da França e da Itália e, os Partidos Social-Democratas alemão, austríaco e russo. Esta Internacional foi marcada pela luta entre a corrente marxista e a anarquista, que culminou com a expulsão da última em 1896. Em 1904 a tendência reformista foi oficialmente condenada e em 1912 a Segunda Internacional decidiu utilizar a greve geral como meio de evitar o desencadeamento da guerra que se avizinhava.

Apesar dessas decisões de cúpula, o movimento operário estava sofrendo, em sua base social, uma transformação qualitativa rumo à moderação. A Segunda Revolução Industrial, com seu avanço tecnológico e novas formas de organização do trabalho, logrou um elevado incremento da produtividade, contendo o fenômeno de empobrecimento dos trabalhadores industriais. Os mais especializados dentre esses passaram a receber aumentos salariais reais e a gozar de uma situação de estabilidade, transformando-os no que se convencionou chamar de *Aristocracia Operária*. Ora, era justamente esse grupo que fornecia os quadros dirigentes dos sindicatos e dos partidos da

Segunda Internacional. Assim, sob influência dos evolucionistas fabianos da Inglaterra (Sidney e Beatrice Webb), os adeptos do revisionismo do socialista austríaco Bernstein ampliam sua influência no meio operário, substituindo a concepção revolucionária de destruição do capitalismo pela estratégia de uma transformação gradual e pacífica desse sistema.

Neste contexto, o movimento operário e seus partidos cresciam em número e em influência mas, paralelamente, se ampliava a moderação de suas posições. Seus partidos cresceram eleitoralmente, ampliaram seu espaço nos parlamentos e na sociedade, desenvolvendo um luta pela secularização (de contornos anticlericais em alguns países), pelo reforço do parlamento e da constituição, mas principalmente pelas reformas sociais, tais como a redução da jornada de trabalho, descanso semanal remunerado, seguro contra acidentes de trabalho e acesso à educação e habitação. Essa luta obteve alguns êxitos, o que foi facilitado em determinados países, como a Alemanha bismarckiana, que desenvolveram uma política social, com o objetivo de reduzir os conflitos internos e dotar o país de maior coesão, enfrentando em melhores condições os desafios internacionais.

Nos anos que antecederam ao desencadeamento da Primeira Guerra Mundial, o movimento operário de viés socialista crescia rapidamente, embora, como foi ressaltado, suas posições políticas fossem moderadas. Justamente por isso, as burguesias de muitos países temiam que o movimento socialista estivesse em vias de se tornar uma alternativa de poder. A polarização entre esquerda e direita era cada vez mais forte nesta época, como demonstra o caso Dreyfus, que foi uma conspiração antissemita na França, acusando um oficial de origem judaica de ser um espião que trabalhava para a Alemanha. No verão de 1914, as barricadas haviam voltado às ruas de Moscou, o Partido Social-Democrata alemão e o Socialista francês já possuíam mais de uma centena de deputados nos respectivos parlamentos, sendo que este último, algumas semanas antes do início da guerra, venceu as eleições. Mas o desencadeamento do conflito os impediu de assumir o poder, pois o presidente Poincaré instituiu um governo de União Sagrada, congregando todos os partidos.

A geopolítica e os projetos estratégicos

Na passagem do século XIX ao XX, foram desenvolvidas teorias específicas para a compreensão da política internacional das grandes potências. A *Geopolítica*, teoria considerada ciência por muitos estrategistas, foi formulada especialmente a partir da publicação do livro *Politische Geographie* pelo geógrafo alemão Friedrich Ratzel, em 1897. Segundo esse estudioso, a posição e as características geográficas de um país determinavam sua política externa. Particularmente importante foi o conceito de espaço (*Raum*), segundo o qual esse elemento seria indispensável para o desenvolvimento de uma grande potência. Como foi visto, esse conceito era perfeitamente adequado para a Alemanha desenvolver uma política que superasse os fatores que entravavam sua ascensão à posição de primeira potência mundial. Historicamente, a geopolítica alemã considerou o leste europeu, a bacia do Mar Báltico e os Balcãs como sua área natural de expansão contígua, visando formar sua *Mittleuropa*.

O inglês Mackinder, em 1904, partindo dos estudos de Ratzel, elaborou o que viria a ser a base da geopolítica inglesa e, depois, norte-americana. Segundo ele, o planeta estaria dividido em duas zonas antagônicas: o centro da *Massa Continental Eurasiana* (ou *Heartland*), e a *Ilha Mundial*, ou zona oceânica, controlada por uma potência marítima (naquele momento a Grã-Bretanha, depois os EUA). Entre elas, existia uma *Zona Intermediária* em disputa (África continental, Oriente Médio e Litoral Meridional e Oriental da Ásia). Segundo Mackinder, se uma potência controlasse a totalidade do *Heartland*, poderia ameaçar a Ilha Mundial. Já o Almirante norte-americano Mahan, em 1900, desenvolveu uma teoria segundo a qual a hegemonia de uma potência marítima perduraria enquanto ela controlasse uma série de pontos de apoio ao longo das costas da Eurásia.

Ciência ou não, a geopolítica nos revela muito sobre as percepções , os desejos e os fantasmas que atormentavam seus formuladores e os tomadores de decisão, militares e diplomatas. É perceptível a importância conferida aos recursos naturais, no momento em que a Segunda Revolução Industrial aumentava a demanda por matérias-primas, e a noção de espaço, quando a Europa estava repartindo o mundo. Também é visível a oposição entre uma estratégia de domínio mundial centrada no controle dos oceanos (concepções anglo-saxônicas) e outra que prioriza a posse de grandes extensões terrestres contíguas (perspectiva alemã). Cada potência adaptará suas concepções conforme suas necessidades (mais históricas que geográficas), expressando estratégias particulares de expansão, o que permite uma maior compreensão de suas atitudes durante a Grande Guerra. A seguir, são esboçados esquematicamente os objetivos estratégicos de cada um dos principais protagonistas.

O imperialismo alemão tinha como prioridade a expansão para o leste da Europa e para o Oriente Médio, onde se encontravam os recursos naturais necessários a seu crescimento industrial. A aliança com a Áustria-Hungria, a ideologia pan-germanista, os investimentos no petróleo turco e a construção da ferrovia Berlim-Bagdá evidenciam essa orientação. Uma guerra com a Rússia afigurava-se inevitável, para ocupar a Polônia, os países bálticos e a Ucrânia, esta última rica em minérios, cereais e espaços infinitos para a colonização alemã. É importante lembrar que havia minorias alemãs até o rio Volga, nos limites da Rússia europeia. Quanto aos países escandinavos, já faziam parte do espaço econômico da Alemanha, que deles comprava minérios, madeiras e outros produtos. Em parte, o incipiente desenvolvimento e futura prosperidade da Escandinávia decorria da estreita cooperação econômica com os alemães.

Ao lado desta tendência "natural", a Alemanha tinha que responder ao desafios de seus competidores ocidentais em termos econômicos e militares. Considerava necessário estabelecer uma espécie de confederação econômica que lhe permitisse controlar a Holanda, Bélgica, Luxemburgo e os departamentos industriais do norte da França. Suas ambições no mundo colonial representavam muito mais um ressentimento contra Londres e Paris e uma diplomacia de prestígio do que um projeto consistente. Apenas as pretensões de expulsar os ingleses do Egito e da Índia, bem como o controle sobre a Turquia, parecem adequar-se mais à sua realidade.

Já a Grã-Bretanha, que era o maior e mais populoso império na época, desejava destruir a capacidade comercial e naval alemã, apoderar-se do império turco (barrando as pretensões russas) e dividir as colônias alemãs com a França. Esta, por sua vez, além de partilhar as colônias alemãs com seu aliado, visava recuperar a Alsácia-Lorena e ocupar o Sarre e parte da Renânia, destruir a capacidade industrial e militar alemã e participar do desmembramento da Turquia. A Rússia, por sua vez, tinha objetivos geopolíticos que bem demonstravam sua defasagem no plano internacional. Além de ampliar suas fronteiras sobre a Alemanha e o império austro-húngaro, desejava sobretudo ocupar a cidade de Constantinopla, os estreitos e parte do litoral turco, para ter um acesso ao Mar Mediterrâneo.

A Itália, por seu turno, realmente estava numa posição indefinida, oscilando entre priorizar seu irredentismo e expansionismo balcânico ou lançar-se na aventura colonial. A Entente oferecia-lhe os territórios austríacos povoados por italianos, a Dalmácia, a Albânia e alguma parte da Turquia. Já a aliança alemã oferecia a Córsega, Nice, Saboia e parte das colônias francesas do norte da África. De qualquer forma, os

Balcãs e o Mediterrâneo Oriental parecerão mais interessantes, já que o desenvolvimento industrial italiano ainda não tinha porte para tirar vantagens de um amplo império colonial africano.

Quanto ao Japão desejava ampliar suas possessões na China e no Pacífico. Neste sentido, a conquista das colônias alemãs na Ásia convinha-lhe perfeitamente (península de Chantung e arquipélagos do Pacífico). O caos se aprofundava na China, particularmente após a queda da dinastia Manchu e a proclamação da República em 1911, o que estimulava ainda mais as ambições japonesas sobre esse país.

Finalmente, no que diz respeito aos Estados Unidos, seus objetivos ainda não se encontravam tão claramente definidos antes da guerra, esboçando-se gradativamente ao longo desse processo. De qualquer maneira, o rígido controle do *Mare Nostrum* caribenho (bloqueando pretensões coloniais europeias na região), a ascendência econômica sobre a América do sul (expulsar a Europa das Américas) e a política de *portas abertas* em relação à China, eram questões em relação às quais Washington não fazia concessões. Começa ainda a perceber-se que, gradativamente, os EUA passam a adotar a política inglesa de equilíbrio de poder em relação à Europa, além de manifestar uma discreta hostilidade em relação ao colonialismo.

Como se pode ver, os objetivos geopolíticos de *todas as potências* e a estratégia para alcançá-los permitem caracterizar a guerra iminente principalmente como um conflito pela redivisão do planeta, devido ao ritmo desigual de desenvolvimento das nações industriais. Em 1870 a Inglaterra possuía a maior produção industrial do mundo, vindo os EUA em segundo, a França em terceiro e a Alemanha em quarto. Em 1913 os EUA ocupam a primeira posição, a Alemanha a segunda, a Inglaterra a terceira e a França, a quarta!

Os blocos militares e os conflitos prévios nos Balcãs e no Oriente

A Guerra Russo-Japonesa e o novo equilíbrio de forças

No mundo afro-asiático, o predomínio europeu afirmava-se gradativamente, com o esmagamento das revoltas anticoloniais de tipo tradicional. Apenas algumas poucas áreas como a Abissínia (Etiópia), Pérsia (Irã), Sião (Tailândia) e China escaparam ao domínio direto das potências europeias, sofrendo entretanto uma exploração econômica compartilhada por parte destas. Neste último país, a dinastia Manchu foi derrubada em 1911, instaurando-se uma república liderada por Sun Yat-Sen. Mas o país mergulhou no caos e numa guerra civil que duraria quatro décadas, com a disputa do poder pelos *senhores da guerra* (militares que controlavam as províncias) e depois entre o Kuomintang (Partido Nacional da China) e os comunistas, sempre em meio a intervenções estrangeiras.

O ano de 1904 marcou uma inflexão na evolução diplomática, dando início a uma fase de crises que conduziria à Primeira Guerra Mundial. Nesse ano foi estabelecida a *Entente Cordiale* franco-britânica e no Extremo Oriente eclodiu a Guerra russo-japonesa. As pretensões dos dois países na Manchúria e Coreia eram excludentes e, contando com o beneplácito inglês, o Japão atacou as forças russas na região, derrotando-as numa ofensiva terrestre e, em 1905, aniquilando completamente a esquadra naval do Báltico (batalha de Tsushima), que o Czar enviara ao Pacífico, atravessando o mundo, em reforço à sua armada.

Durante o conflito eclodiu a Revolução de 1905 na Rússia, comprometendo definitivamente a política internacional do país, que já se encontrava em dificuldades. Essa revolução popular teve início espontaneamente quando a guarda do palácio do Czar abriu fogo contra uma manifestação pacífica que ia entregar uma petição. A revolta de operários, soldados (motins e a rebelião dos marinheiros do encouraçado *Potemkin*) e camponeses se espalhou pelo país, sem uma liderança unificada. O czar Alexandre II procurou ganhar tempo, propondo reformas aos revoltosos, cuja ação se expandira por todo o país, enquanto negociava a paz com o Japão. Com o fim da guerra, e recebendo ajuda internacional, o governo russo iniciou uma sistemática e feroz repressão contra os revolucionários.

A derrota russa na guerra custou-lhe a perda das ilhas Curilas, de metade da ilha de Sacalina e de suas possessões na China, que passaram ao domínio japonês, e evidenciou a fragilidade e o arcaísmo do país, bem como os riscos existentes de uma ampla revolução social. No caso da revolução, foi interessante notar que mesmo potências adversárias socorreram o Czar, demonstrando que a solidariedade de classe era mais importante que as rivalidades nacionais. Por outro lado, era a primeira vez que uma nação asiática vencia uma europeia, colocando o Japão em posição equivalente à das demais potências na Ásia, rebaixando a Rússia na escala de grandeza internacional e acabando ainda com sua expansão na região. Bloqueados na Ásia Central e no Extremo Oriente, os russos se voltariam para os Bálcãs, única região onde ainda poderiam agir.

No mesmo ano de 1905, ocorreu a primeira crise do Marrocos. Desde 1904, numa reação à *Entente Cordiale*, a Alemanha vinha tentando romper o sistema de alianças da França e, para tanto, o Kaiser Guilherme II optara pela *Weltpolitik* (política mundial), apoiado no nacionalismo pan-germanista, na concepção geopolítica e na expansão naval. Ao manifestar pretensões em relação ao Marrocos, Berlim desejava barrar a expansão francesa na África do Norte, testar a solidez da Entente e obter um ponto de apoio no Mediterrâneo, num momento em que a Rússia se encontrava em dificuldades no Oriente e não poderia honrar seus compromissos com Paris. A jogada alemã foi mal recebida pela Inglaterra, uma vez que a França já estava presente no Marrocos. Assim, a Conferência de Algeciras, em 1906, teve como resultado o fracasso da Alemanha, que foi obrigada a reconhecer a supremacia francesa na região.

O que o conflito russo-japonês e a crise franco-alemã demonstraram, como manifestação das *forças profundas* (fatores estruturais que independem da vontade dos estadistas), foi a crise do imperialismo de tipo colonialista. Em suas linhas gerais, a expansão rumo ao mundo colonial atingira seus limites em 1904, pois a quase totalidade das regiões "vazias", isto é, não pertencentes a nenhuma das potências, já havia sido conquistada. Quanto às demais, ou já se encontravam destinadas a alguma potência, sendo sua ocupação uma questão de tempo, ou haviam tido sua exploração coletiva decidida pelos grandes protagonistas das relações internacionais.

Assim, tanto quantitativamente não existiam mais áreas a serem ocupadas, como qualitativamente a intensificação do *desenvolvimento desigual e combinado* do capitalismo (a defasagem entre o ritmo e o nível de desenvolvimento econômico entre regiões integradas dentro de um mesmo sistema) pressionavam por uma redivisão dos impérios coloniais, premiando os mais dinâmicos. A partir de então a tensão e as rivalidades cresceriam até a eclosão da guerra.

Uma das consequências da crise do Marrocos foi a criação da *Tríplice Entente*, um processo gradativo de aproximação entre Grã-Bretanha, França e Rússia. Londres, temendo a expansão naval alemã, mudou sua atitude com relação à Rússia, uma vez que esta renunciara à sua expansão na Ásia e voltara-se agora para os Balcãs, por meio do pan-eslavismo. Enquanto isso, a corrida armamentista intensificava-se, despertando temores generalizados.

Neste contexto, em 1907 reuniu-se uma conferência sobre desarmamento em Haia, na qual ingleses e franceses procuraram obter o congelamento da corrida armamentista. Ora, como a Alemanha se considerava em condição de inferioridade neste terreno, e estava realizando um esforço maior (que também correspondia a seu dinamismo econômico), recusou as propostas da Entente, levando a conferência a um fracasso. Ela desejava impedir o crescimento militar alemão, limitando-o a um nível modesto, pois a França e a Grã-Bretanha não possuíam mais o mesmo dinamismo econômico.

O declínio da Turquia e os conflitos balcânicos

O declínio do império turco-otomano no norte da África já havia levado o Egito a se tornar um Estado pivô da região. Como consequência da intervenção napoleônica no Oriente Médio, os princípios do nacionalismo e do desenvolvimento europeus penetraram na região. Assim, em 1808, surgiu no Egito, um regime progressista comandado por Mohamed Ali, general turco de origem albanesa. Ele adotou políticas militaristas, desenvolvimentistas e expansionistas, avançou até a Síria, ameaçando o Sultão, ao qual, nominalmente, estava subordinado. A intervenção militar europeia em defesa da Turquia, em 1839-41, obrigou Ali a devolver suas conquistas territoriais, a respeitar formalmente a subordinação ao sultão e a abandonar seu projeto de desenvolvimento, abrindo a economia aos anglo-franceses, recebendo, em troca, o direito de criar uma dinastia "egípcia", que sobreviveria até a derrubada do Rei Faruk por Nasser, em 1953. Lentamente, os ingleses afirmaram seu domínio no país, deslocando os franceses e inaugurando o Canal de Suez em 1867.

Já em 1830 os franceses haviam iniciado a conquista da Argélia, a mais distante das províncias turcas, implementando um processo de colonização induzida politicamente. No final do século XIX a França ocupou a Tunísia, também pertencente aos turcos. Durante as Guerras Balcânicas, em 1912, a Itália conquistou a Tripolitânia e a Cirenaica (litoral da Líbia), a última possessão turca no norte da África. Os franceses, em decorrência das duas crises do Marrocos, no início do século XX, tornaram a maior parte do Marrocos seu Protetorado. Aos espanhóis coube a faixa mediterrânea marroquina, o enclave de Ifni e o Saara Ocidental.

Mas todos esses países tiveram dificuldade em dominar o interior do Deserto do Saara, onde berberes e tuaregues resistiram arduamente. Na Líbia, os italianos somente lograram derrotar a irmandade Senussi em 1928. No Sudão, os ingleses tiveram de enfrentar o movimento fundamentalista islâmico e Reino Mahadita, que impôs várias derrotas aos invasores até ser submetido. Por fim, os alemães foram os últimos a entrarem na corrida colonial e aproveitaram as brechas remanescentes, tirando proveito de áreas periféricas ou onde havia rivalidade entre ingleses e franceses. Assim, se estabeleceram no Togo, no Kamerun (Camarões), no sudoeste africano (Namíbia) e em Tanganika (África Oriental Alemã).

Em 1908 eclodiu a primeira crise balcânica, quando o império austro-húngaro anexou a província turca da Bósnia-Herzegovina. A nova onda de expansão austríaca na região procurava aproveitar a fraqueza russa e eliminar a Sérvia, protegida desta. A Alemanha estimulou e apoiou esta iniciativa, visando debilitar a Tríplice Entente. A Rússia não conseguiu impedir a manobra austríaca, mas estreitou então seus vínculos com a França e a Inglaterra, aproximando-se também da Itália, que começava a preocupar-se com a voracidade de seus aliados nos Balcãs. Em 1911 teve lugar a segunda crise do Marrocos, com nova pressão alemã para o estabelecimento de uma esfera de influência econômica. Mas a Inglaterra opôs-se resolutamente às pretensões alemãs, obrigando Berlim a recuar e mostrando que, em caso de conflito, a França poderia contar com seu apoio.

A segunda crise balcânica ocorreu logo em seguida, em duas etapas, 1912 e 1913. A Rússia, que já se havia recuperado da derrota contra o Japão, se voltara decididamente para a região balcânica. Tentando tirar proveito das constantes revoltas contra a Turquia Otomana (que continuava vulnerável, apesar das reformas modernizantes logradas pelo movimento renovador dos *jovens turcos* em 1908), o Czar promoveu a formação de uma coalizão antiturca, a Aliança Balcânica, entre Sérvia, Bulgária, Grécia e Montenegro.

Em 1912 as forças dos quatro pequenos Estados atacaram os turcos e, para surpresa geral, os derrotaram e chegaram às portas de Constantinopla, onde se detiveram por pressão das grandes potências. Para a Tríplice Aliança, a questão fundamental era impedir o acesso da Sérvia ao Mar Adriático e evitar o acesso da Rússia aos estreitos turcos, por onde a esquadra russa do Mar Negro poderia alcançar os mares quentes e abertos, no caso o Mediterrâneo. A Sérvia era o reino mais nacionalista dentre os povos eslavos do sul e o maior obstáculo à expansão austríaca na região. Assim, foi criado o reino da Albânia, para impedir o acesso dos sérvios ao mar. Da mesma forma, os ganhos territoriais da Bulgária na Macedônia impediram, também pelo sul, que a Sérvia obtivesse uma saída para o mar.

A partir deste momento, as grandes potências procuram estabelecer alianças com os pequenos reinos da região, explorando a frustração de alguns com a redivisão territorial, interesses locais e ressentimentos. Assim, mal terminada a Primeira Guerra Balcânica, eclodiu outro conflito pela divisão dos territórios cedidos pela Turquia. A Bulgária, com apoio político da Áustria, atacou a Grécia e a Sérvia, país que Viena desejava evitar que saísse fortalecido. A Romênia, o Montenegro e a Turquia uniram-se à Grécia e à Sérvia, derrotando a Bulgária, que teve de ceder parte dos territórios conquistados.

A Turquia, que havia ficado apenas com a cidade de Constantinopla na Europa, fixou as fronteiras como são ainda hoje. A Macedônia foi dividida entre a Grécia (sul) e a Sérvia, que dobrou de tamanho, mas teve, mais uma vez, frustrado seu acesso ao mar. Montenegro dividiu Novi Pazar com a Sérvia e a Romênia obteve o sul da Dobrudja no litoral búlgaro. Mas a região constituía um verdadeiro barril de pólvora, que explodiria no ano seguinte.

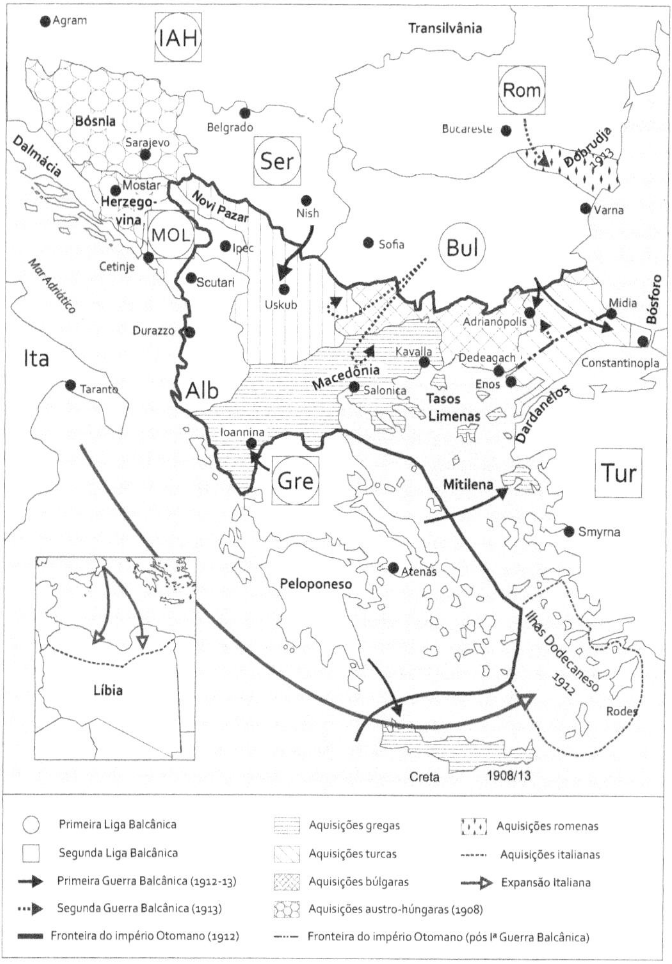

Paulo Visentini/Arte: Guilherme Ziebell de Oliveira

As Guerras Balcânicas e as Perdas da Turquia

A GRANDE GUERRA: DA OFENSIVA AO EQUILÍBRIO (1914–1916)

O confronto na Europa Ocidental: do movimento às trincheiras

O mecanismo diplomático-militar e o incidente que levaram à guerra

Após as Guerras Balcânicas de 1912 e 1913, se tornaram intensos os movimentos pela busca de alianças, bem como se intensificou a corrida armamentista. Apesar da rivalidade naval, existiam setores políticos na Grã-Bretanha e na Alemanha que eram favoráveis à cooperação entre os dois países. Mas a obstinação alemã em prosseguir seu esforço armamentista conduziu ao bloqueio do processo de negociações em 1912. A consequência imediata foi o reforço da Tríplice Entente e da Tríplice Aliança, pois a Alemanha se preocupava com a debilidade austríaca em enfrentar os nacionalismos balcânicos. Contudo, a Itália reagiu com uma certa frieza, devido à política balcânica de seus aliados.

Os diversos governos europeus intensificaram a preparação militar, incrementando a produção de novos armamentos (sobretudo canhões de grande calibre, metralhadoras e os encouraçados *Dreadnough*, de grande porte) e reorganizando os exércitos, particularmente com a ampliação do serviço militar. Além disso, multiplicaram-se por todos os países as manifestações chauvinistas (nacionalistas extremados) e militaristas. Em Berlim falava-se na necessidade de uma guerra preventiva, e o cenário para ela já estava montado.

A iniciativa alemã no desencadeamento da Primeira Guerra Mundial partia de alguns pressupostos. O Alto-Comando tomou a dianteira porque sabia que a Entente aumentava suas forças, e que em 1916-1917 estaria em superioridade, e considerava, portanto, que o tempo trabalhava contra o II Reich. Além disso, Berlim interpretava a conduta reticente e ambígua da Grã-Bretanha como um sinal de que este país permaneceria neutro. Assim, sua estratégia se baseava em derrotar primeiro a França numa guerra rápida (pensavam repetir a última guerra franco-alemã de 1870), neutralizando assim seu flanco ocidental, lançando então todas suas forças contra a Rússia.

O Plano Schlieffen consistia na invasão da França pelo norte, através do território belga. Desta forma, suas tropas conseguiriam contornar os fortes e as defesas existentes na fronteira franco-alemã, ocupando diretamente a região mais rica em indústrias e minérios, tomando Paris e encurralando o exército francês no leste, como fizeram com Napoleão III. E a Rússia, que em 1905 havia sido derrotada pelo Japão, não era considerada uma adversária perigosa.

Em 28 de junho de 1914, o estudante sérvio Gravila Prinzip (de apenas 20 anos), militante da organização secreta sérvia Unidade ou Morte, assassinou o herdeiro do trono austríaco em Sarajevo, o arquiduque Francisco Ferdinando. A viagem do herdeiro austríaco ao território eslavo recém-anexado (1908), combinada com manobras militares, representava um ato de provocação, visando demonstrar poder à população local e ameaçar a pequena e nacionalista Sérvia. E a data escolhida para a visita foi, precisamente, a do aniversário da derrota sérvia de Kossovo (berço da nação Sérvia), em 1389, perante os turcos, que os dominaram por séculos. Mas o paralelo histórico, provocado pelos austríacos, não parou por aí. Na noite da derrota, um guerreiro sérvio penetrou no acampamento turco e assassinou o Sultão Murad. Agora o herdeiro austríaco também estava morto.

O assassinato foi explorado politicamente, desencadeando a chamada Crise de Julho de 1914. Embora o governo sérvio não estivesse diretamente envolvido no incidente, a Áustria radicalizou suas demandas sobre Belgrado (capital sérvia), buscando uma confrontação para acabar com o que considerava como "irredentismo eslavo". Em 23 de julho apresentou um *ultimatum* ao governo sérvio, com condições inaceitáveis para a soberania deste, Mas a Sérvia aceitou todos os itens, menos o que previa a atuação de seus agentes em território sérvio para eliminar opositores da Dupla Monarquia, e, uma vez recusado este item, declarou guerra à Sérvia no dia 28.

A Alemanha estimulou desde o início a Áustria no rumo da confrontação, tentando criar um conflito localizado, semelhante aos de 1912-1913. A Rússia, para evitar um novo revés como o de 1908, iniciou a mobilização geral do exército, inclusive contra a Alemanha, transformando a crise num *affair* europeu. Embora os diplomatas de todos os países fizessem esforços para desativar o mecanismo da guerra, os generais e os Estados-maiores já estavam dando as cartas e desejavam implementar seus planos e estratégias. No dia 1º de agosto de 1914, a Alemanha declarou guerra à Rússia e, no dia 3, à França.

A Guerra na Frente Ocidental em 1914: o choque principal

No dia 4 de agosto, o exército alemão invadiu a Bélgica e Luxemburgo, violando a neutralidade desses países, uma vez que o primeiro se negou a permitir a passagem de suas tropas até a fronteira francesa. Apesar do sucesso inicial, a Alemanha não contava com a resistência belga (a fortaleza de Liège só caiu dia 16 e Bruxelas dia 21). O segundo erro de cálculo foi a subestimação da atitude inglesa, que declarou-lhe guerra devido à violação da neutralidade do reino belga (o que comprometia diretamente sua segurança). O terceiro equívoco dos militares prussianos foi menosprezar as possibilidades militares da Rússia no início do conflito.

Mas a deflagração da guerra foi acompanhada por uma explosão de júbilo patriótico pela população dos países beligerantes. Até os partidos social-democratas e socialistas votaram nos respectivos parlamentos os créditos de guerra demandados por seus governos, além de endossarem a política nacionalista destes. Todos, enfim, esperavam uma guerra curta e vitoriosa ("o Natal em casa", diziam), que transformaria seu país na primeira potência da Europa.

O atraso em tomar a Bélgica, onde muitos civis foram fuzilados em represália, permitiu aos franceses se mobilizarem e aos britânicos enviarem tropas. De 20 a 25 de agosto ocorreu a Batalha das Fronteiras, nos limites da Bélgica com a França. Cinco exércitos alemães, com artilharia pesada, avançaram rapidamente sobre três exércitos franceses e um inglês, ameaçando Paris. O governo francês foi transferido para Bordeaux dia 2 de setembro. Moltke, Chefe do Estado-Maior alemão, esperava tomar Paris e cercar os exércitos franceses na Lorena, destruindo-os. Mas, desde a segunda quinzena de agosto, o exército russo lançara-se ao ataque na Prússia Oriental, derrotando os alemães, que tiveram de abandonar esta província.

Por pressão dos *Junkers* prussianos (influentes famílias de militares e grandes proprietários de terras), foram transferidas tropas que avançavam rumo a Paris, para a frente leste, onde Hindenburg e Ludendorff conseguiram, então, deter os russos. Ao mesmo tempo, o exército austro-húngaro tentou avançar sobre a Polônia russa, mas foi derrotado e teve de abandonar parte da Galícia. O avanço russo nesta região era mais importante que na Prússia, pois agora estavam próximos da zona industrial da Silésia alemã. O exército do Reich viu-se obrigado a lançar uma ofensiva na Polônia, ocupando parte do país. Na metade de dezembro, ambos os lados entrincheiraram-se, iniciando a guerra de posições.

A transferência de tropas em fins de agosto reduziu consideravelmente o ímpeto da ofensiva alemã sobre Paris, e dia 5 de setembro os franceses contra-atacaram no Rio Marne, a 40 quilômetros da cidade. Quase dois milhões de soldados participaram dessa batalha. Dois dias depois os alemães retiraram-se para o norte, a fim de evitar o cerco. Os alemães tentaram então avançar para o norte desde 21 de setembro, na *Corrida Para o Mar*, com o objetivo de cortar a frente anglo-francesa e atingir o Canal da Mancha, cercando assim parte dos inimigos na região de Flandres. Mas as tropas de Entente conseguiram manter suas posições e frear o avanço alemão.

O outono trouxe então chuvas e neblinas, reduzindo as atividades militares. A isto agregou-se a fadiga dos dois contendores, depois de meses de intensos combates de movimento. Além disso, desde a batalha do Marne ficou claro que havia sido atingido um ponto de equilíbrio, e os dois lados começaram a fortificar suas posições, construindo defesas, trincheiras e instalando barreiras de arame farpado.

A dinâmica da guerra surpreendeu os próprios beligerantes. Durante as Guerras Austro-Prussiana (1866) e Franco-Prussiana (1870-71), que marcaram a unificação alemã, a Prússia já era uma nação industrial e havia feito extensa preparação militar e logística. Seus soldados se bateram contra camponeses analfabetos e mal armados. Mas agora Alemanha, França e Inglaterra estavam no mesmo patamar, e a vastidão russa, carente de infraestrutura, colocavam problemas novos. O massivo poder de fogo de exércitos de sociedades industriais criou uma realidade inesperada, e o acréscimo de mais tecnologia e poder de fogo somente ampliou o impasse. Era uma guerra ultramoderna, futurista em certo sentido, mas que se assemelhava a um conflito medieval, de cerco a fortalezas.

A atividade diplomática durante o primeiro semestre da guerra concentrou-se em tentar obter a adesão dos países neutros, ou ao menos impedi-los de aderirem ao campo adversário. Como a Suíça, Holanda e os países escandinavos preferiram se manter neutros, a disputa por influência se voltou para o Mediterrâneo, onde a Itália ainda manteria sua neutralidade por mais tempo, e os Estados balcânicos só tomaram posição gradativamente, tendo em conta o resultado das guerras de 1912-1913. Neste período só ocorreram as adesões da Turquia à Tríplice Aliança e do Japão (interessado em conquistar as colônias alemãs do Extremo Oriente) à Tríplice Entente.

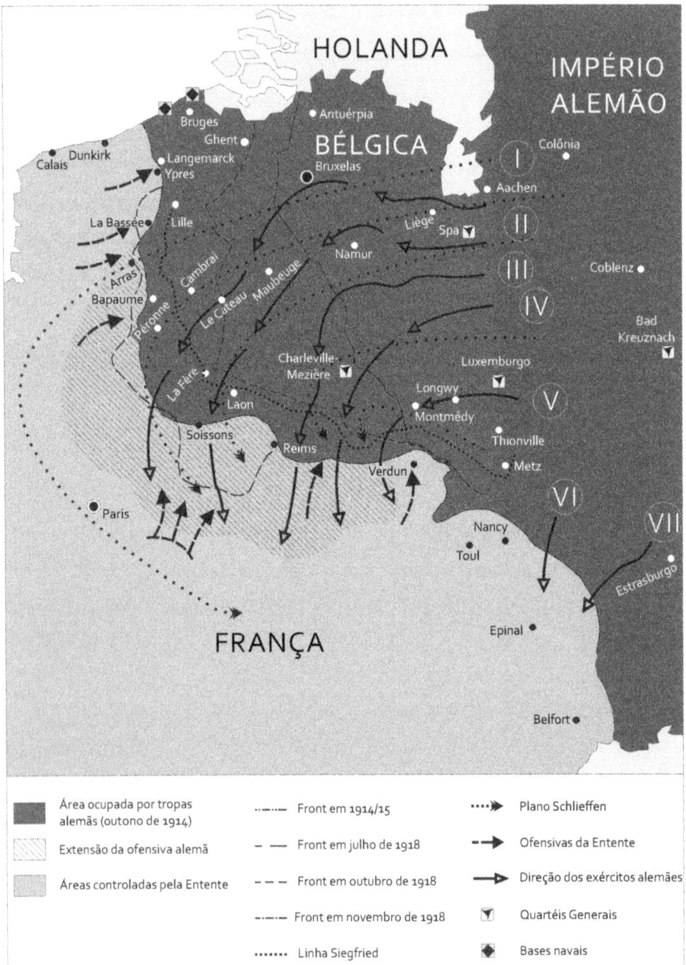

Paulo Visentini/Arte: Guilherme Ziebell de Oliveira

Do Plano Schlieffen à Guerra de Trincheiras

Em fins de 1914 toda a frente ocidental (a principal da guerra) passou à guerra de posições. Nos 700 quilômetros que iam do Mar do Norte aos Alpes, foram construídos complexos sistemas de trincheiras, barreiras de arame-farpado, blindagens, posições de tiro, postos de observação, cercas eletrificadas em alguns setores e terrenos minados, em linhas defensivas paralelas e interligadas por complexos de túneis. Isso modificou as táticas militares, pois as manobras de flanco despareceram, e a luta agora assemelhava-se à guerra de cerco. A única possibilidade de ataque eram os golpes frontais, que exigiam grande superioridade em homens, armas e recursos, vantagem que nenhum dos lados possuía.

A Alemanha ocupou o pequeno principado de Luxemburgo, quase toda Bélgica e um amplo arco de território francês, onde construíram a Linha Sigfried, que se estendia de Lille a Metz, dezenas de quilômetros atrás das primeiras trincheiras. Numa paisagem completamente desolada, sem vegetação, com crateras e lama, estendiam-se, paralelas, várias linhas defensivas, separadas pelo *No Men's Land* (Terra de Ninguém), onde os corpos apodreciam.

Não apenas as operações militares causavam baixas, mas inúmeras doenças eram fatais, como as respiratórias e a gangrena dos pés sempre enterrados no lodo. E logo ficou claro que não havia meios de alterar a situação. A guerra caíra numa armadilha, da qual os Estados-Maiores não sabiam como libertar-se, e aplicavam sempre "mais do mesmo", até não terem mais recursos humanos e materiais para a escalada absurda. Assim, a Frente Ocidental cairia na estagnação, com imensos recursos imobilizados e sem possibilidades de ação estratégica.

"Nada de novo no front"[1]: o equilíbrio em 1915–16 no Ocidente

Iniciava-se uma guerra de desgaste, de tensão e esgotamento das forças humanas, técnicas e industriais. O esforço produtivo passou a ser decisivo para o resultado da guerra, e, neste campo, já em 1915, a Entente ultrapassava os Impérios Centrais. É importante salientar que em decorrência da maior amplitude das possessões coloniais da Entente, do domínio dos mares e do bloqueio naval que os ingleses impuseram à Alemanha no Mar do Norte, além do apoio financeiro e comercial dos EUA aos anglo-franceses (apesar da "neutralidade imparcial" de Washington), esse bloco controlava recursos em âmbito planetário, como centro de um sistema econômico mundial. Já a Alemanha e seus aliados constituíam somente um bloco regional, que controlava apenas parte da Europa e do Oriente Médio.

O ano de 1915, nas duas frentes principais, caracterizou-se pelo equilíbrio no ocidente e pela tentativa alemã de derrotar a Rússia. Em várias ocasiões as ofensivas russas eram solicitadas pela Inglaterra e França como forma de obrigar os alemães a retirarem forças do oeste e enviarem ao leste. O pesadelo alemão era a *guerra em duas frentes*, razão de ser da aliança franco-russa, então necessitavam eliminar o exército russo para se concentrar contra a França e romper o equilíbrio desgastante.

Os russos haviam conquistado, no início do ano, parte dos Montes Cárpatos, abrindo caminho para a planície húngara. Os alemães então concentraram tropas para uma grande ofensiva, que expulsou os russos da Polônia e da Lituânia no verão, infligindo-lhes um milhão e meio de baixas. Apesar desta grande vitória, o Estado-Maior alemão não atingiu o objetivo de destruir o exército russo, pois, com o recuo, a frente leste continuou a existir e, pelo esgotamento, ambos adotaram uma postura defensiva.

---

1 Título do famoso livro do escritor alemão Erich Maria Remarque, que descrevia a vida dos soldados na guerra de trincheiras.

Na frente ocidental, os alemães lançaram uma ofensiva na Flandres belga, na região do Rio Ypres. Na madrugada de 22 de abril bombardearam a retaguarda anglo-francesa, e, logo após, surgiu desde o lado alemão uma neblina verde clara que se arrastava lentamente em direção ao adversário, transformando-se numa nuvem branco-azulado. Os alemães haviam aberto balões de gás contendo cloro, infringindo a Convenção Internacional de 1899, que proibia o emprego militar de substâncias tóxicas.

Dos 15 mil intoxicados, 5 mil morreram, mas a ofensiva foi detida por novas tropas. A máscara antigás passava a fazer parte da paisagem da guerra. Durante todo o ano de 1915, a frente ocidental conheceu apenas combates com objetivos táticos, com ambos os lados acumulando forças. Contudo, isso não significa que a guerra de trincheiras não tenha cobrado um preço elevadíssimo em termos de vidas e sofrimentos para os soldados. Mesmo quando não havia combates, as condições insalubres das trincheiras causavam baixas entre os soldados.

Em 1916 a superioridade numérica e material anglo-francesa já era visível. Os alemães, por seu turno, perceberam que a sobrevivência do exército e da frente russa tornava inútil o avanço ulterior por um território vasto e de população rarefeita. Não dispondo de forças suficientes para um ataque de envergadura na frente ocidental, Falkenhayn propôs um plano de desgaste paulatino do exército francês na região das fortificações de Verdun, que constituíam uma saliência francesa encravada nas linhas alemães. Em 21 de fevereiro, suas forças lançaram um bombardeio de artilharia, e depois atacaram os franceses na margem direita do Rio Mosa, empregando pela primeira vez o lança-chamas como arma de guerra.

Apesar de alguns êxitos, os alemães não conseguiram quebrar as defesas francesas, embora a batalha prosseguisse até o final de maio e eles tivessem utilizado projéteis químicos contra Verdun. Essa batalha se tornou sinônimo de carnificina, pois os alemães perderam 600 mil soldados e os franceses 350 mil, sem que a frente tenha se alterado mais que poucos quilômetros. Na guerra de trincheiras o atacante fica exposto ao fogo do inimigo enquanto atravessa a *terra de ninguém*, e à mercê das metralhadoras, que foram as armas mais letais da guerra, causando a maior parte das baixas. Depois vinha a artilharia pesada, pois as novas armas ainda eram pouco eficazes.

A conferência dos representantes militares da Entente, em fins de 1915, havia estabelecido a coordenação das atividades nas frentes principais, projetando uma grande ofensiva russa para 15 de junho e uma anglo-francesa para 1º de julho de 1916. Para cumprir a primeira tarefa, foram enviados recursos materiais para reforçar o exército russo, o que desencadeou a Ofensiva de Brussilov contra os austro-alemães na Galícia. A ofensiva russa logrou um avanço de 50 quilômetros, o que não é muito para a geografia da região, sofrendo meio milhão de baixas. O massacre dos soldados-camponeses russos pelo moderno armamento alemão produziu uma desmoralização generalizada, mostrando os primeiros sinais de desintegração do exército. Ainda antes do inverno, os alemães recuperaram o terreno perdido e foram adiante.

O único efeito positivo da ofensiva do general Brussilov foi aliviar a pressão alemã sobre Verdun e a austríaca sobre a frente italiana. Outro efeito, negativo, foi o entusiasmo da Romênia, que declarou guerra à Áustria e à Alemanha em fins de agosto de 1916, e foi logo invadida por ambos. Em dezembro, Bucareste foi conquistada, bem como os poços de petróleo do país. Os russos tiveram que socorrer o exército romeno, só conservando uma pequena região do país e ampliando sua frente em 600 quilômetros. Para a Entente, a neutralidade romena teria sido melhor que sua adesão.

Em fins de junho, as forças anglo-francesas desencadearam uma ofensiva no Rio Somme, iniciando-a com um bombardeio que lançou uma tonelada de aço e explosivos em cada metro da frente. Pela primeira vez, a aviação foi utilizada para atacar o adversário pelo ar. Além disso, foram realizados ataques com gás e projéteis químicos contra os alemães. Enquanto o avanço anglo-francês prosseguia lentamente, Hindenburg foi nomeado Chefe do exército alemão e Ludendorff do Estado Maior. Os novos comandantes alemães ordenaram em 29 de agosto o fim da ofensiva contra Verdun e o envio de tropas para o Somme.

Dia 15 de setembro os soldados alemães que se encontravam frente aos ingleses foram aterrorizados pela aparição de monstros de aço desconhecidos, que avançavam de suas trincheiras atirando. Eram os tanques, um tanto desajeitados e lentos, mas resistentes ao fogo alemão. Apesar do impacto psicológico inicial, só avançaram dois quilômetros, pois os tanques ingleses ainda eram poucos e precisavam ser aperfeiçoados. Com a chegada do outono e das chuvas, as operações militares se reduziram, até estabilizar a frente. A Entente conquistou apenas 200 quilômetros quadrados, sem conseguir romper a frente alemã. Esse modesto resultado custou a ambos a perda de um milhão e trezentos mil homens.

Sentindo que a vitória militar estava cada vez mais difícil, e que a fadiga tomava conta dos dois lados, o II Reich dirigiu em 12 de dezembro de 1916 um documento a seus adversários, onde declarava que os Impérios Centrais, "depois de demonstrar seu poderio inquebrantável", propunha o início das conversações de paz. Tal declaração era uma peça de propaganda para a opinião pública alemã e mundial, mas, no fundo, visava tentar um acordo com a Entente enquanto a Alemanha ainda não se havia esgotado e controlava territórios adversários. Mas a negociação em posição de vantagem para a Alemanha foi recusada por seus adversários duas semanas depois. Tentando pressionar a Grã-Bretanha, em 1º de fevereiro de 1917, a Alemanha anunciou que desencadearia uma guerra submarina indiscriminada, para cortar as comunicações marítimas da Entente. Essa ampliação da guerra submarina, de forma ilimitada, representava um desafio para os Estados Unidos.

A frente russa: o elemento de equilíbrio do conflito

A participação da Rússia na guerra tende a ser minimizada, mas uma análise mais detida revela elementos importantes. Mesmo que a qualidade do exército e de seu equipamento, bem como a infraestrutura logística do país fossem bastante limitadas, a participação russa obrigava o exército alemão a se dividir em dois, para cobrir as duas frentes. Um exame acurado das ofensivas nas duas frentes revela um padrão bem definido: o exército russo era chamado a desencadear ofensivas no leste sempre que a pressão alemã no oeste era irresistível. Pouco importava que os ataques russos não pudessem obter grandes resultados, pois o objetivo era a transferência de tropas alemãs do oeste para o leste.

A Polônia russa, por sua vez, estava encravada entre a Alemanha e o império austro-húngaro, muito próxima a Berlim e às zonas industriais da Silésia alemã e da Boemia-Morávia austríacas. Outra característica da Rússia é que, se os austro-alemães avançassem, a frente se ampliava enormemente, em territórios vastos, pouco povoados e carentes de infraestrutura logística. O exército industrial, que no oeste se anulava frente a outro de mesmo tipo, no leste perdia parte de sua eficácia, onde a cavalaria cossaca poderia, em certos casos, ser mais eficiente que a artilharia e o pesado equipamento moderno, difíceis de transportar. Havia poucas ferrovias, rodovias intransitáveis para veículos pesados e as distâncias eram enormes (atrasando o envio de abastecimento).

O avanço não permitia ganhos estratégicos, a não ser que os exércitos russos fossem cercados e destruídos, fazendo o país sair da guerra. Mas se recuassem, os problemas somente aumentavam. No final, esse dilema só foi resolvido pelo colapso do regime czarista e do Governo Provisório em 1917, que apressou a desintegração militar russa. Mas, mesmo a Paz de Brest-Litovsk, com os Bolcheviques, em março de 1918, não trouxeram os ganhos esperados pelos alemães. Os imensos territórios ocupados ou anexados (países bálticos, Polônia, Bielorússia e Ucrânia) e com imensas riquezas (cereais, madeira, carvão e minérios) foram palco de atividades guerrilheiras, as quais obrigaram os austro-alemães a manterem 35 divisões apenas na Ucrânia. Pior, o contato de seus soldados com a Revolução Bolchevique propiciou um efeito contágio que viria a ser transferido aos exércitos dos Impérios Centrais.

Como foi visto, enquanto os alemães marchavam rumo a Paris, os russos ocuparam grande parte da Prússia Oriental, terra dos poderosos Junkers, onde destruíram seus castelos, propriedades e até as instalações de caça do Kaiser. Por razões puramente políticas, o Alto Comando teve de tirar tropas da França para deter os russos. Quando os austríacos atacaram a partir da Galícia, foram derrotados pelos russos, que dominaram a província e ameaçaram os Cárpatos, obrigando os alemães, uma vez mais, a retirarem tropas de outras frentes para socorrê-los. A primeira tentativa alemã, em fins de 1914, de tomar a Polônia fracassou, com a ofensiva sendo detida numa linha paralela à fronteira, com ambos adotando uma posição defensiva.

No ano seguinte, 1915, conseguiram expulsar os russos da parte que ainda ocupavam da Prússia oriental e tiveram de impedir que eles invadissem a Hungria. Os alemães e austríacos desencadearam, então, no verão, uma ofensiva na Galícia, pelo sul e na Polônia, pelo norte, com o objetivo de cercar e destruir os exércitos russos. Estes, derrotados no sul, perderam a Galícia austríaca e abandonaram a Polônia e parte da Lituânia para evitar o cerco, salvando, assim, seu exército, mas perderam mais de um milhão de soldados.

Entre janeiro e abril de 1916, os russos, na frente do Cáucaso, avançaram e ocuparam grande parte da Armênia turca e trechos da Pérsia, em auxílio à ofensiva inglesa no Iraque. Em junho os turcos recuperaram o território perdido e derrotaram os ingleses na mesopotâmia iraquiana. Em fevereiro de 1916, quando os alemães atacaram Verdun, a Entente solicitou que os russos passassem à ofensiva, o que aconteceu na Lituânia, obrigando os alemães, mais uma vez, a transferirem tropas do oeste para o leste.

Equipamentos novos foram entregues para reforçar os russos no verão, solicitando que atacassem a frente austríaca para aliviar a pressão na Itália e na França. Em junho teve início a ofensiva do General Brussilov, que rompeu a frente inimiga e avançou, mas com pesadas baixas. Novamente, ocorreu a transferência de tropas do oeste para o leste, barrando o avanço russo e, em seguida, recuperando o território perdido. Para piorar a situação, como foi visto, a Romênia declarou guerra aos Impérios Centrais e, carentes de forças armadas, foram logo invadidos, com seu petróleo caindo sob controle alemão. Mais uma vez os russos tiveram de vir em socorro dos romenos e mantiveram a Moldávia romena, com a extensão da frente a demandar mais recursos.

Mas a moral do exército se encontrava em declínio acentuado, com falta de equipamento, alimentos e roupas, provocando desorganização, motins e deserções. Enquanto isso, na capital, ocorriam conspirações palacianas entre facções pró-alemães e pró-Entente se enfrentando na busca de uma saída para o conflito, com ativa participação de embaixadores ocidentais e agentes alemães. Enquanto isso, nas ruas e no campo crescia a agitação social, no Cazaquistão ocorreram revoltas e o país estava por explodir, o que ocorreria em 1917. A Rússia viria a ser o pivô do desfecho do conflito. A Revolução de Fevereiro (março)[2], mantida dentro de limites, implicou na continuidade

2 Segundo o antigo calendário russo, com 12 dias de diferença, abandonado depois da revolução. Assim, na História da época se registra como Revolução de Fevereiro e Revolução de Outubro, mas que de fato ocorreram, em março e novembro, respectivamente.

da participação no conflito, o que agravou a situação e precipitou a Revolução Bolchevique em outubro (novembro).

A implantação de um regime socialista (com sua proposta de paz de ampla repercussão) e a saída da Rússia da guerra tiveram enorme impacto no desenrolar dos acontecimentos militares e diplomáticos. Mas o país se veria envolvido numa guerra civil com intervenção internacional da Entente. Mesmo as regiões mais distantes e inóspitas da Rússia passaram a ser frentes de combate, com o envolvimento de quatorze países, e a guerra duraria até o início dos anos 1920. De peão no tabuleiro europeu de 1914, a Rússia passaria a ser peça-chave de 1917 a 1921.

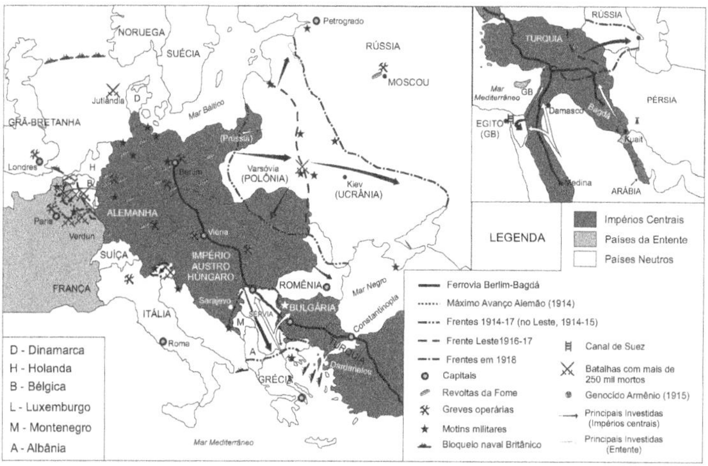

Paulo Visentini/Arte: Guilherme Ziebell de Oliveira

A Guerra Europeia e as Operações Militares

As frentes secundárias: Balcãs, Oriente Médio, mundo colonial e guerra naval

Até o ano de 1917, a Grande Guerra constituía, essencialmente, um conflito europeu, em que a luta principal ocorria na frente ocidental (Bélgica e norte da França) e na frente oriental (fronteira da Rússia com a Alemanha e Áustria-Hungria). Inclusive as operações militares nestes dois *fronts* encontravam-se intimamente interligadas, tanto pela coordenação estratégica da Entente como pela grande capacidade do II Reich em deslocar seu exército rapidamente de uma frente para outra, devido ao seu excelente sistema ferroviário. Mas havia *fronts* secundários, como os Balcãs, o Oriente Médio e o mundo colonial e oceânico, onde também ocorreram operações militares. Estas, contudo, não possuíam um caráter decisivo para o resultado do conflito.

A frente balcânica e italiana

Como visto anteriormente, foi justamente nos Balcãs que o conflito teve início. Em agosto de 1914, o exército austro-húngaro atacou a Sérvia, mas foi rechaçado. Uma ofensiva de maior porte foi desencadeada, conquistando Belgrado em dezembro, mas, uma vez mais, o pequeno e aguerrido exército sérvio contra-atacou, libertando sua capital e expulsando os invasores. O rumo dos acontecimentos e as promessas anglo-francesas de entregar territórios do império austro-húngaro no Mar Adriático à Itália, fizeram este país decidir entrar na guerra ao lado da Entente em maio de 1915. Um mês depois, o exército italiano entrou em ação, mas depois de cinco ofensivas no Rio Isonzo, não conseguiu ultrapassar as defesas da frente austríaca.

Em setembro do mesmo ano, a Bulgária entrou na guerra ao lado dos Impérios Centrais, e atacou a Sérvia pelo sul, enquanto um forte exército austro-alemão avançava desde o norte. Em outubro Belgrado foi conquistada e em dezembro iniciou-se o êxodo sérvio. Em pleno inverno, o Rei, o exército e parte da população atravessaram as montanhas e a Albânia, sofrendo constantes ataques e padecendo de fome, frio e doenças. Os sobreviventes atingiram o Adriático e foram transportados pela marinha britânica para a ilha de Corfu. Completando sua ofensiva nos Balcãs, as forças austro-alemãs ocuparam em fevereiro de 1916 os pequenos Reinos de Montenegro e Albânia. Em 5 de outubro, os anglo-franceses desembarcaram em Salônica para impedir que a Grécia (ainda neutra), cujo Rei era simpático aos Impérios Centrais, entrasse na guerra ao lado desses e eles tivessem acesso ao Mar Egeu.

A frente do Oriente Médio

O Oriente Médio, embora constituísse uma frente regional e secundária, conheceu uma situação diplomático-militar bem mais complexa. O apoio da Turquia era disputado pelas duas alianças antagônicas. Neste contexto, os cruzadores alemães Goeben e Breslau furaram o bloqueio naval britânico no Mediterrâneo e se internaram na Turquia. Há suspeitas de que sua passagem pela esquadra britânica tenha sido permitida pelo Almirantado britânico para enfraquecer a Rússia no Mar Negro e fazer a Turquia entrar na guerra. A Rússia era aliada inglesa, mas Londres desejava evitar que os russos pudessem conquistar os estreitos turcos. E desejava, igualmente, que a Turquia entrasse na guerra e fosse derrotada para se apossar das suas províncias árabes, geograficamente estratégicas e ricas em petróleo. É comum que aliados tenham interesses específicos antagônicos.

Sob bandeira turca, os dois cruzadores (comandados e tripulados por alemães), bombardearam portos russos no Mar Negro, colocando a Turquia numa situação de guerra contra a Entente. Em novembro de 1914 o país declarou guerra a esta Aliança e em abril de 1915 tropas francesas, inglesas, neozelandesas e australianas desembarcaram em Gallípoli, nos Dardanelos, tentando conquistar os estreitos turcos e, se possível a capital, Constantinopla. Mas o exército turco conseguiu mantê-los encurralados em algumas cabeças de ponte, de onde se retiraram em janeiro de 1916, depois de perder milhares de soldados e vários navios.

Em fins de 1914, tropas inglesas e indianas ocuparam o porto de Basra, ao sul da Mesopotâmia turca, com o fim de evitar qualquer perigo aos campos petrolíferos do Golfo Pérsico e à rota marítima para as Índias. A facilidade encontrada levou o alto comando britânico a prosseguir o avanço para o norte. Próximo a Bagdá, entretanto, foram derrotados pelo exército turco, que os cercou em Kut-el-Amarah. Os ingleses renderam-se em abril de 1916, depois de um longo cerco. Os turcos, por sua vez, lançaram ofensivas em 1915 e 1916 a partir da palestina, tentando conquistar o canal de Suez, atravessando a península do Sinai, mas não tiveram sucesso.

Já no Cáucaso, a iniciativa coube aos russos, que no início de 1916 ocuparam o norte da Pérsia e conquistaram a Armênia turca, onde os otomanos haviam esmagado a revolta deste povo num gigantesco massacre (o genocídio perpetrado pelos turcos causou a morte de um milhão e meio de armênios). A comunidade armênia-turca havia saudado os avanços russos e os turcos os consideraram traidores e removeram brutalmente a população para o sul, o que causou centenas de milhares de mortes ao longo do caminho.

Apesar de constituir uma frente secundária, o Oriente Médio era uma região extremamente importante para os planos do imperialismo inglês, tanto por sua posição geopolítica como pelas jazidas de petróleo, elemento fundamental para a II Revolução Industrial. Preocupados com a futura repartição do império turco-otomano, e mais imediatamente com os elevados custos da guerra na região (devido a seus fracassos contra os turcos), os ingleses procuraram uma aliança com os árabes. Desde fins de 1915, o Alto Comissário britânico Mac Mahon negociou um acordo com o Xerife Hussein de Meca, prometendo apoio inglês à independência das províncias árabes do império turco, em troca do auxílio militar das tribos árabes do deserto contra a retaguarda turca.

Além dos aspectos militares da aliança, os britânicos buscavam a colaboração política com os elementos mais conservadores da sociedade árabe, temendo o nascente nacionalismo deste povo. Porém a modernização econômica introduzida pelos europeus na região serviu para desenvolver as ideias de nação, liberdade e direito à autodeterminação, criando uma base para o nacionalismo e para a independência, preconizada por muitos intelectuais árabes. A penetração de formas capitalistas na região e a abertura ao comércio mundial arruinaram o artesanato, gerando um empobrecimento e urbanização acelerados. Estas transformações só beneficiaram uma minoria rica, de tendência pró-ocidental. Assim, havia a necessidade de preparar o futuro com cuidado.

Em junho de 1916, o Xerife Hussein lançou a revolta árabe no Hedjaz contra as forças turcas e conquistou Meca. Mas ao mesmo tempo Londres e Paris assinavam secretamente os Acordos Sykes-Picot, preparando a repartição do Crescente Fértil entre ingleses e franceses. A seus aliados da família Hussein, Londres ofereceria a península arábica. Os árabes não sabiam disso, pois esperavam criar uma grande nação, cujo centro seria justamente o Crescente Fértil, sendo a península um apêndice.

Como se não bastasse, em 1917 os ingleses divulgaram a Declaração Balfour, prometendo a criação de um *lar nacional judaico* na Palestina (uma expressão propositadamente ambígua). Os alemães, nas regiões que ocuparam no império czarista, passaram a apresentar-se como defensores da causa judaica contra o jugo russo, num momento em que este país caminhava para a revolução e para o abandono da guerra. Além disso, tentavam capitalizar o importante *lobby* judaico norte-americano, visando atenuar o impacto da entrada dos EUA na guerra.

Prometer a mesma região para três forças políticas diferentes, e além de tudo em documentos vagos e ambíguos, constituía, sem dúvida, a fonte de muitos problemas futuros. O problema judaico tinha suas raízes na emergência do nacionalismo no leste europeu, que acompanhou o desenvolvimento do capitalismo naquela região no final do século XIX. No início da década de 1880, os judeus começaram a ser vítimas de *Pogroms* (massacres) no império russo e perseguições no austro-húngaro, e reagiram com a formulação de um nacionalismo próprio, o Sionismo. Esta corrente política foi fundada por Theodor Herzl no final da década de 1880, e lutava pela criação de um lar nacional judaico na Palestina, para onde deveriam migrar. Já no início do século XX o Kaiser Guilherme II visitara esta região, onde teria dito em tom profético: "Este país pertencerá àquele que souber fazer sombra!".

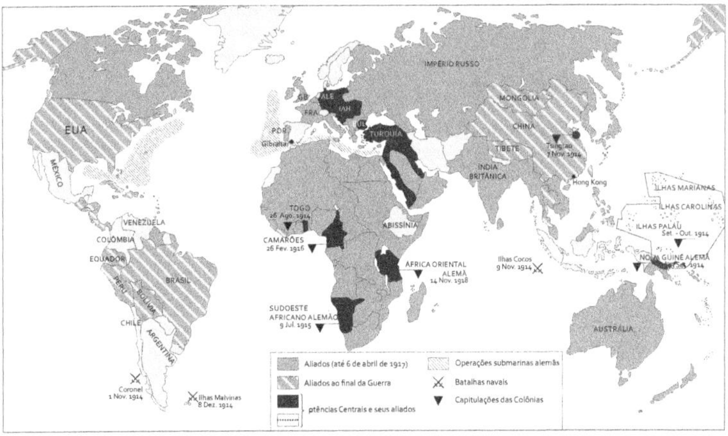

Paulo Visentini/Arte: Guilherme Ziebell de Oliveira

Alianças Mundiais, Conflitos Coloniais e Marítimos

A guerra no mar e no mundo colonial

As operações militares no mundo colonial e nos mares foram modestas. Iniciada a guerra, os ingleses estabeleceram um bloqueio naval no Mar do Norte, que isolou a Alemanha de suas colônias e do comércio mundial. Em 1914 e 1915 foram travadas neste mar as batalhas navais de Heligoland e Dooger-Bank, e, em 1916, a da Jutlândia, sem resultados expressivos. Os navios de guerra alemães ancorados no porto de Tsingtao, colônia na China, que ficaram fora do bloqueio tentaram ameaçar as rotas comerciais britânicas em ações de corsários, mas foram caçados pela *Royal Navy*. O cruzador Emden se dirigiu ao Oceano Índico, onde afundou 15 navios e capturou 8, além de bombardear instalações inglesas na Índia, até ser afundado em novembro de 1914 na batalha das Ilhas Keeling (ou Cocos).

O Almirante Von Spee, por sua vez, saiu do mesmo porto em direção ao Pacífico Sul. Frente às costas do Chile, derrotou os ingleses na batalha das Ilhas Coronel, afundando dois cruzadores. Mas foi perseguido nas Ilhas Falklands/Malvinas (no Atlântico Sul), em dezembro de 1914. O Dresden, único sobrevivente, foi encurralado pelos britânicos no sul do Chile e afundado pela própria tripulação.

Sem outra alternativa nos mares, em maio de 1915 a Alemanha desencadeou a Guerra Comercial Submarina, tentando enfraquecer o fornecimento de suprimentos à Inglaterra e França, especialmente no arco que ia do Caribe ao Canadá, em torno das ilhas britânicas e no Mediterrâneo. Embora os submarinos tenham causado grandes perdas à marinha mercante e imobilizado enormes esquadras aliadas para proteção, eles tinham ainda pouca capacidade técnica e um efeito muito menor do que na Segunda Guerra Mundial. Pode-se considerar que seu efeito foi mais político do que militar e, ainda assim, contraproducente, pois deu o pretexto para os Estados Unidos entrarem na guerra. Vários navios brasileiros também foram afundados, provocando a ruptura de relações.

Sem ajuda da metrópole, as colônias alemãs caíram rapidamente. Em 23 de agosto de 1914, o Japão declarou guerra ao II Reich, e conquistou com facilidade as Ilhas Marianas e Carolinas (no Pacífico) e o porto de Tsingtao (na China) em outubro e novembro, respectivamente. A Nova Guiné alemã foi ocupada pelos australianos em setembro de 1914. Na África, o Togo rendeu-se ainda em agosto de 1914, o Sudoeste Africano Alemão (atual Namíbia), em julho de 1915, (nesta colônia os alemães contaram com o apoio de alguns *Boers* sul-africanos) e o Kamerun (atual Camarões), em fevereiro de 1916.

Apenas na África Oriental Alemã (ou Tanganika, atualmente Tanzânia) ocorreu uma resistência séria. O General von Lettow-Vorbeck, comandando 250 oficiais alemães e 12 mil *askaris* (soldados negros das colônias), imobilizou imensos contingentes britânicos, belgas e sul-africanos no país, que controlou até meados de 1917. Depois disso, internou o que restava de suas tropas em Moçambique, mantendo uma luta de guerrilhas até o término da guerra na Europa. Os ingleses tiveram o triplo de baixas que na guerra anglo-boer, evidenciando mais uma vez que o exército terrestre não era o forte da Inglaterra. Os turcos, por sua vez, embora tenham fracassado no ataque ao Canal de Suez, em sua estratégia contra a *Entente* motivaram o sultão mahadita a se rebelar contra os ingleses no Sudão e a irmandade Senussi contra os italianos na Líbia. Os mahaditas foram derrotados facilmente, mas os senussis não.

Mais importante do que os conflitos, todavia, foi a mobilização de africanos para os combates ou trabalhos (2,5 milhões, ou seja, 1% da população). Frentes de trabalho nas colônias, e mesmo nas metrópoles, foram mobilizadas, e muitos tiveram de substituir os europeus até em funções de certa relevância no continente africano. Além do recrutamento para as tropas coloniais, milhares foram engajados na Europa, especialmente pela França, como se pode observar nos milhares de túmulos muçulmanos nos cemitérios militares europeus. O impacto político, social, econômico e ideológico desse processo foi enorme.

TENSÕES INTERNAS, MANOBRAS DIPLOMÁTICAS E RUPTURAS (1916–1917)

A frente interna, da União Sagrada à contestação popular

A Primeira Guerra Mundial impôs aos combatentes enormes sacrifícios, particularmente a partir do início da guerra de trincheiras. Mas a população civil na retaguarda também padeceu enormemente, pois essa guerra exigia extraordinários esforços industriais. A Alemanha e seus aliados possuíam menos recursos que a Entente, como foi visto, mas o aparelho produtivo alemão estava melhor organizado para a produção industrial bélica, além de dispor de uma excelente rede de transportes e de uma população e mão de obra geralmente melhor capacitadas que as da Inglaterra e da França. Para atender as enormes necessidades materiais das frentes de combate, as indústrias tiveram de incrementar o ritmo da produção. Esta gigantesca tarefa exigia grande capacidade organizativa, que em todos os países beligerantes foi assumida pelo aparelho estatal.

O caso alemão foi, sem sombra de dúvida, o mais desenvolvido neste sentido. A situação de emergência obrigou o governo alemão a planejar e intervir ativamente na economia, estabelecendo a alocação de recursos, as metas de produção, preços e o racionamento dos bens mais escassos. Embora sem tocar no caráter privado do lucro e da propriedade, houve um notável crescimento da concentração econômica de caráter oligopólico. Lenin denominou esse modelo de *Capitalismo de Estado*, e sua grande e inegável eficácia foi um dos mais importantes fatores responsáveis pela capacidade de resistência da Alemanha.

Entretanto, o aumento da produção militar se fazia às custas de outros ramos da economia, e a guerra retirava da produção os homens mais aptos ao trabalho. Além disso, o conflito interrompeu muitos fluxos estabelecidos da economia internacional. O resultado foi a queda sem precedentes do nível de vida da população, com o aumento do preço dos artigos de consumo, drástico racionamento dos gêneros alimentícios, aumento de impostos e desvalorização da moeda. A população padecia toda esta sorte de privações porque o *front* era prioritário, e no início isso era aceito. Mas, com o passar do tempo, a situação agravou-se, as famílias recebiam notícias de seus mortos e mutilados, novos recrutamentos eram feitos, mas a guerra parecia cada vez mais longe do fim.

Para suprir a falta de mão de obra foi aumentada a jornada de trabalho, ampliada enormemente a contratação de mulheres para todas as tarefes produtivas e, finalmente, houve a utilização do trabalho de prisioneiros de guerra (sob ameaça de não receberem mais comida se não trabalhassem, e de forma competente). Assim, como decorrência de todos esses fatores, logo declinou o entusiasmo patriótico em relação a uma guerra que parecia cada vez mais insensata. A "União Sagrada" de todas as forças políticas começou a se desfazer em 1915, e, em 1916, começou a ser contestada. A pequena fração socialista que se opusera à guerra em 1914 começou a crescer, além do que, aumentava dia a dia o número de greves e protestos operários, inclusive nas indústrias armamentistas, contra as difíceis condições de vida e contra a guerra. Em todos os países o pacifismo crescia.

Em 1916, formou-se na Alemanha o grupo Espártaco, congregando os social-democratas antimilitaristas, e, em junho desse ano, 55 mil metalúrgicos realizaram uma greve política em Berlim. Em alguns países, as minorias nacionais começaram a agitar-se e na Alemanha e na Rússia eclodiram os "motins da fome" (multidões saquearam os depósitos de alimentos). Por mais que os governos reprimissem essas manifestações e desenvolvessem a propaganda patriótica, o consenso fora quebrado e o estado de ânimo da população tornava a frente doméstica mais um problema a ser pesado nas decisões dos Alto-Comandos. Entre os soldados da frente, o descontentamento também crescia, com atos de insubordinação, deserções e até episódios de confraternização com os adversários (adversários se reuniam para fumar e conversar, como mostra o vídeo clipe de Paul MacCartney, *The pipes of peace).* A Grã-Bretanha, além das greves, teve que enfrentar o levante irlandês durante a Páscoa de 1916, que chegou a proclamar uma efêmera república. Os ingleses sufocaram a revolta com extrema brutalidade, e tiveram que deixar tropas de ocupação na Irlanda.

Da guerra à revolução: a ruptura russa e a agitação na Europa

A Primeira Guerra Mundial foi o agente precipitador da Revolução Russa, ou soviética. Para a burguesia e a autocracia russas (bem como para o capital francês credor do império czarista), a guerra era uma necessidade, já que a vitória traria imensas vantagens econômicas e políticas regionais. Do ponto de vista da política interna, a guerra significava a desarticulação do movimento popular russo que retomara impulso em 1912-1914, após o longo refluxo de 1907 a 1912, em decorrência da derrota revolucionária, em 1905. Para os estrategistas russos, bem como para os outros, a guerra seria intensa (com profunda mobilização nacional), rápida e geograficamente localizada, com o nacionalismo absorvendo e neutralizando o movimento socialista, e a mobilização incorporando e disciplinando camponeses e operários.

Esse modelo de guerra foi frustrado com a cisão no Movimento Socialista Internacional, nos partidos socialistas nacionais, e sua divisão entre *social-patriotas* — partidários de guerra, aderentes e participantes do governo, votantes dos créditos de guerra — e *internacionalistas*, que conseguem se articular e organizar, em 1915, a Conferência de Zimmerwald. Uma das principais lideranças desse grupo era o russo Vladimir Ilich Ulianov (Lenin), dirigente do Partido Bolchevique da Rússia e partidário da transformação da guerra imperialista em revolução social, que rapidamente aumenta sua audiência com o recrudescimento das oposições à política do governo czarista e a retomada de iniciativa por parte do movimento operário.

Como foi visto, o desempenho da frágil Rússia na guerra foi desastroso, tanto para a população quanto para o regime czarista. A guerra impôs aos combatentes e civis da retaguarda enormes sacrifícios, substituindo o fervor patriótico pelo desânimo e medo. Em 1917, a situação atingira um impasse, e os povos estavam fartos de um conflito que se tornara um gigantesco e interminável massacre e gerava toda sorte de privações. Deserções e insubordinação cresciam entre os soldados, apesar das punições e dos fuzilamentos. A Rússia, dentre todos os beligerantes, foi a nação onde esses fenômenos se manifestaram com maior intensidade. Em 1916, ocorreram grandes sublevações de povos subordinados e, em 1917, de camponeses, e o exército iniciava a sua decomposição. Enquanto isso, a dinastia dos Romanov comemorara seu tricentenário em 1915.

Em 1916 ocorreram gigantescas sublevações nas províncias muçulmanas da Ásia Central e Cazaquistão, e em 1917 o campo se convulsionava, enquanto o exército registrava quase um milhão e meio de desertores. Tudo isso repercutiu numa crescente oposição à dinastia dos Romanov. Tentando salvar o país e evitar uma revolução que amadurecia, a Rússia começa a negociar, secretamente, um acordo de paz com a Alemanha. Esses rumores alarmavam a *Entente* que, sem a Rússia, via sua posição se tornar mais difícil. O polêmico e influente monge Rasputin, integrante dos círculos germanófilos da corte, foi assassinado em dezembro de 1916. Então, a burguesia russa associada aos capitais franceses, preparava um golpe de Estado, no qual o czar passaria o poder a seu filho e a regência ao Príncipe Miguel, esperando que a medida acalmasse a população, além de manter o país na guerra. Contudo, ao mesmo tempo, os revolucionários russos deflagraram uma insurreição em março de 1917 (a Revolução de Fevereiro, pelo calendário antigo).

Logo surgiu uma dualidade de poderes entre o novo governo e os conselhos (Sovietes), pois a burguesia russa, aproveitando-

-se do vácuo criado com a deposição do Czar, logo estabeleceu um governo provisório e um Parlamento (a Duma). Enquanto isso, os revolucionários se organizavam nos Sovietes (embora geralmente esses fossem controlados pela esquerda moderada). O problema é que o governo, pressionado pelas potências ocidentais, decidiu permanecer na guerra, sofrendo novas derrotas, enquanto os soldados desertavam, os camponeses iniciavam a reforma agrária, os operários se mobilizavam e Lenin retornava do exílio. Os confrontos do governo com a esquerda revolucionária e com a direita reacionária (que desejava restaurar o czarismo) eram cada vez mais frequentes.

Como, em linhas gerais, a Revolução de Fevereiro fora espontânea, reinava certa indefinição e perplexidade em meio ao caos de um país envolvido numa guerra desastrosa. Como o Governo Provisório manteve o país na guerra, os problemas que haviam levado à Revolução de Fevereiro, continuaram e se agravaram. A Alemanha, ansiosa para firmar a paz com a Rússia, permitiu que o líder do grupo revolucionário Bolchevique, exilado na Suíça, atravessasse seu país num trem especial, dentro de um vagão lacrado, rumo à Rússia, através da Suécia. Chegando em abril, imediatamente Lenin tratou de convencer seu partido, cuja influência não cessava de crescer, a conquistar o poder ("as Teses de Abril"). Primeiramente seriam exploradas as possibilidades pacíficas ("Todo poder aos Sovietes"), e, se a frágil democracia fosse ameaçada, se empregaria a força, transformando a revolução burguesa numa revolução operário-camponesa de caráter socialista.

A expansão das atividades dos grupos de esquerda e o enfraquecimento do Governo Provisório levou-o a lançar uma onda de repressão em julho, que resultou na fuga e clandestinidade de Lenin e na prisão de Trotsky, que aderira ao Partido Bolchevique em maio. A Revolução de Fevereiro e a agitação na Rússia repercutiram profundamente na Europa. As greves cresciam na Alemanha (300 mil operários pararam em abril) e na Áustria, enquanto na França crescia o movimento pacifista e os protestos em suas colônias do norte da África. O Presidente Poicaré qualificou 1917 como "o ano tumultuoso". Na Inglaterra e na Itália a agitação também se intensificava.

À época da Revolução, havia na Rússia vários partidos ou grupos: o Movimento dos Cem Negros (pró-czarismo), os Cadetes (KD, Constitucional-democrático, burguesia liberal), o Partido Social Revolucionário (defensores da divisão da terra, com a dissidência Trudovique/Trabalhista) e o marxista Partido Operário Social-Democrata Russo (POSDR) fundado em 1898. Da cisão desse partido surgiram duas correntes, os bolcheviques ("maioria") que, em 1917, dirigem a Revolução Russa, e os mencheviques ("minoria"). Os bolcheviques desejavam um partido formado por quadros profissionais habilitados à Revolução, que, na Rússia, segundo eles, deveria ter um caráter socialista.

Os mencheviques defendiam o caráter burguês democrático da Revolução e também um partido socialista de massas, forma organizacional menos adequada a uma sociedade policial e autocrática como a do império czarista. No congresso de 1912, os social-democratas dividem-se formalmente, surgindo os partidos Bolchevique e Menchevique. Na revolução de 1917, os mencheviques se fragmentam, com sua esquerda formando aliança com os bolcheviques. O último grupo político russo — o dos anarquistas — não se organiza em partidos, mas tem influência em alguns segmentos da sociedade.

Em uma posição cada vez difícil, e percebendo o avanço da esquerda, o Governo Provisório de Kerenski empreendeu um último esforço contra os partidos esquerdistas e os sovietes. Essa pressão foi respondida pelos bolcheviques com a mobilização da Guarda Vermelha e o apelo à população mediante as palavras de ordem "Paz, Pão e Terra", conquistando o poder em 7 de novembro de 1917 (25 de outubro no antigo calendário). No mesmo dia, reuniu-se o II Congresso dos Sovietes de todas as Rússias, que firmou o Decreto da Paz, o Decreto da Reforma Agrária e ainda um terceiro decreto que conferia ao Congresso poderes administrativos. Mas os revolucionários controlavam apenas as grandes cidades e a frente de combate desmoronava. Ao longo do ano de 1918, a guerra civil se espalhava pela Rússia, e as diversas forças da contrarrevolução passaram a ser apoiadas por países da Entente, os quais iniciaram a intervenção internacional contra a Rússia Soviética.

Embora as propostas de paz parecessem então pouco realistas, o encerramento da guerra era uma necessidade premente para a Alemanha, devido ao aumento da agitação na Europa. Além disso, a entrada dos Estados Unidos no conflito exigia que Berlim agisse com rapidez, tentando encerrar o conflito de maneira vantajosa antes que a correlação de forças se tornasse totalmente desfavorável. A proposta de paz dos bolcheviques teve consequências imediatas. Essa proposta tinha simpatia entre soldados e cidadãos de todos os países esgotados pela guerra e causava apreensão nas potências beligerantes.

A Entente começou a enviar tropas para as regiões periféricas da Rússia, apoiando a contrarrevolução, de forma a esmagar o novo regime e manter o país na guerra. A outra consequência foi a divulgação do programa de paz do presidente Wilson, os *Quatorze Pontos*, em janeiro de 1918, que defendia o direito à autodeterminação dos povos e referia-se à criação da Liga das Nações (LDN) para garantir a paz. Era uma resposta ao Decreto da Paz dos Bolcheviques.

Logo após a Revolução Bolchevique, foram iniciadas as conversações de paz russo-alemãs na cidade de Brest-Litovsk, mas a tese soviética de uma "paz sem anexações" não era aceita pelos Impérios Centrais. O chamamento de paz aos povos e soldados, à margem de seus governos, pareceu-lhes absurdo. Mas, em janeiro de 1918, a Alemanha e a Áustria-Hungria enfrentaram gigantescas greves, revoltas de fome e atos de insubordinação. Os alemães precisavam da paz no leste e dos recursos alimentícios e minerais russos para tentar um golpe de força no oeste e, com isso, obter uma saída honrosa da guerra.

A Rússia bolchevique poderia ser liquidada depois. Para os soviéticos, a paz era urgente, pois o exército czarista se desintegrara e, nos confins do país, era preparada a reação, pois a Revolução era ainda muito frágil. Trotski, o negociador russo, negou-se, contra as ordens de seu governo, a assinar uma paz que considerava espoliativa. Em resposta, os austro-alemães retomaram a ofensiva, conquistando mais territórios, e impuseram condições ainda mais duras. Em 3 de março, foi assinada a paz, e a Rússia teve de ceder a Ucrânia, a Polônia, a Bielorrúsia e os países bálticos, alguns deles anexados e outros transformados em Estados satélites dos Impérios Centrais.

O impasse militar e as manobras diplomáticas

Durante a guerra a diplomacia foi extremamente ativa. Uma questão fundamental para os beligerantes era a própria manutenção de suas alianças e a tentativa de desfazer a dos adversários. Neste sentido, observa-se que os Impérios Centrais possuíam uma aliança mais sólida que as potências da *Entente*, que não alcançaram uma perspectiva comum sobre as questões diplomáticas e sua resolução, e haviam entrado em guerra por razões diferentes. A Rússia declarara guerra para defender sua posição nos Balcãs, a Grã-Bretanha para manter a integridade e independência da Bélgica, a França para manter o equilíbrio europeu e a Itália para completar sua unidade. As três primeiras lograram, a muito custo, estabelecer uma pauta comum bastante vaga: restituição dos territórios ocupados militarmente, e libertação dos povos submetidos aos impérios multinacionais austro-húngaro e turco. A maior unidade do bloco dos Impérios Centrais decorria de sua própria fragilidade e de contar com uma única potência digna do nome, a Alemanha.

Nesse contexto, em setembro de 1914 foi celebrado o Tratado de Londres entre Inglaterra, França e Rússia, acordando que nenhum signatário assinaria uma paz em separado com a Alemanha. Aderiram, posteriormente, a Itália em 1915 e o Japão em 1917. Para estimular a cada vez mais problemática participação russa no conflito, em 1915 Londres e Paris asseguraram a Petrogrado (então capital russa) que ela receberia o controle dos estreitos turcos após a derrota do império otomano. Evidentemente, nenhuma das duas potências ocidentais tinha a menor intenção de cumprir tal promessa. Já na Conferência de Chantilly as potências da *Entente* estabeleceram a coordenação das ofensivas e a Inglaterra manifestava seu interesse prioritário em ganhos territoriais no mundo colonial, particularmente África, enquanto a França enfocava mais na anexação de regiões europeias, enfraquecendo a Alemanha.

No Oriente Médio, como foi visto, em 1916 os britânicos prometeram aos árabes a criação de uma grande Estado, cujo núcleo seria o Crescente Fértil (da Palestina ao Iraque), com a península arábica constituindo uma periferia da futura nação, em troca do levante árabe no Hedjaz contra as forças turcas, atacando-as pela retaguarda. Mas, os Acordos Sykes-Picot previam a repartição do Crescente Fértil entre ingleses e franceses. A promessa britânica de um território na região (Declaração Balfour), complicava ainda mais a situação. A Declaração objetivava abortar as propostas alemãs de acercamento com as comunidades judaicas, que Berlim avançava como forma de influenciar na política de envolvimento dos Estados Unidos na guerra e ganhar apoio nos territórios que conquistaram no leste europeu, com expressiva população judia.

Tais iniciativas, de ambos os lados, eram reflexo do equilíbrio de forças e do impasse militar que se estabelecera, enquanto as frentes internas se tornavam mais e mais problemáticas. As coalizões políticas que sustentavam os governos e o esforço de guerra começavam a se fraturar, com o surgimento de grupos partidários contra a guerra e favoráveis a uma paz imediata: era o fim da *Paz Cívica* inglesa, da *União Sagrada* francesa e do consenso dominante na Alemanha e no império austro-húngaro. Nos dois últimos, a direita social-democrata havia tido papel fundamental no apoio ao esforço de guerra, mas agora começava a se dividir. Como foi visto, a população protestava contra a fome e as privações, os operários faziam greves cada vez mais numerosas e as tropas se amotinavam em vários pontos.

Percebendo que um triunfo nos campos de batalha era uma possibilidade cada vez mais remota, e que o esgotamento atingira ambas as alianças, como foi visto, Berlim encaminhou em dezembro de 1916 um manifesto a seus inimigos, propondo discutir o encerramento do conflito. Isso se destinava a opinião pública nacional e internacional. Mas a arrogante proposta foi rechaçada pelos anglo-franceses, e como resposta o Kaiser anunciou em fevereiro de 1917 que desencadearia a guerra submarina indiscriminada. Mas, com isso, apenas conseguiram desafiar os Estados Unidos e apressar sua entrada na guerra.

Diante do insucesso da "Ofensiva de Paz", a diplomacia secreta alemã e austríaca intensificaram suas intrigas para dividir a *Entente*. Seus agentes buscavam atrair os países neutros para sua aliança (Suécia, México, Pérsia, Afeganistão e Abissínia) e agiam mesmo nas capitais do bloco adversário, buscando desuni-los e apoiar forças que desejavam a paz. Também estimulavam o nacionalismo, fomentavam ou apoiavam revoltas, como na Irlanda, povos alógenos da Rússia e algumas colônias anglo-francesas (Marrocos, Egito e Índia). Mas as intrigas alemãs teriam mais êxito na Rússia, onde apoiavam nacionalistas e esquerdistas, com a finalidade de criar Estados-tampão sob sua influência, da Finlândia ao Cáucaso, usando o modelo que adotaram em parte da Polônia, onde criaram um Estado títere em 1916. Mas o objetivo maior era tirar a Rússia da Guerra, como foi visto. A França, por sua vez, sentindo que a Rússia vacilava, firmou um Acordo Secreto com esta, instituindo que ao final da guerra, ela poderia definir suas fronteiras ocidentais livremente, à custa dos Impérios Centrais.

A GRANDE GUERRA: O DESFECHO INESPERADO E OS PROJETOS INVIÁVEIS (1917–1918)

Estados Unidos: da mundialização da guerra ao avanço da Entente

Como foi visto, no início de 1917, a guerra chegara a um impasse, com as operações atingindo o equilíbrio no ocidente. Os Impérios Centrais não mais conseguiam competir com a produção industrial da Entente, que também era cada vez mais apoiada pelos EUA. Entretanto, a Alemanha mantinha sua capacidade e organização combativa e industrial, além do que a crescente desagregação do exército russo permitia ao país concentrar maiores esforços na frente oeste.

Assim, se a Alemanha não tinha mais condições de vencer militarmente, também não poderia ser derrotada sem um elevado custo. Os anglo-franceses perceberam que não seria mais possível contar com o socorro das ofensivas russas sempre que a situação estivesse difícil no *front* ocidental. Assim, substituíram os Generais Foch e Joffre, defensores de operações cautelosas, pelo General Nivelle, partidário de ataques impetuosos e ações decisivas de grande envergadura.

Os cinco meses de batalha no Somme no ano anterior haviam criado a saliência[3] de Noyon, que Nivelle se preparou para atacar, visando destruir as reservas alemãs numa manobra de pinças. Em face dos preparativos anglo-franceses, o comando alemão decidiu recuar alguns quilômetros, para a recém-construída linha defensiva Sigfried, reduzindo a extensão da frente

---

3 As saliências ou bolsões estendiam a frente de batalha, fazendo com que o exército que estivesse dentro dele necessitasse de mais tropas e equipamentos para defendê-lo. Além disso, eles ficavam expostos por três lados, constantemente atacados e bombardeados, tornando-se mais vulneráveis. E, por fim, um ataque em dois flancos poderia deixar as tropas cercadas, podendo ser eliminadas.

(e com isso economizando tropas). As aldeias, florestas e pontes da região abandonada foram destruídas, os poços d'água envenenados e a população expulsa. A "limpeza" do saliente de Noyon constituía uma antecipação da *política de terra arrasada* da Segunda Guerra Mundial.

Inteirado da manobra, Nivelle resolveu então atacar na frente do Rio Aisne, em abril de 1916, onde concentrou 100 divisões de infantaria, 10 de cavalaria, 11 mil canhões, mil aviões e 200 tanques. Os alemães tiveram conhecimento de detalhes do ataque, e no Chemin des Dames, infligiram enorme derrota aos atacantes, que tiveram 200 mil baixas e perderam 95% de seus tanques. A indignação pelos sacrifícios inúteis produziu uma onda de distúrbios em 16 corpos de exército francês. Em alguns foram criados comitês de soldados, oficiais foram mortos, e várias divisões abandonaram a frente, marchando rumo a Paris para derrubar o governo, que empregou a artilharia para aniquilar os insurgentes.

Neste momento, os EUA começaram a se preocupar com os rumos da guerra, particularmente com a intensificação da ofensiva submarina alemã (que, juntamente com o bloqueio naval inglês, prejudicavam a livre navegação nos mares e seus negócios), com o crescimento e radicalização da agitação sociopolítica na Europa (particularmente na Rússia) e, principalmente, com o esgotamento anglo-francês. Os norte-americanos haviam feito empréstimos no montante de 11 bilhões de dólares a estes dois países, além de seu superávit comercial sobre a Europa ter passado de 1,3 bilhões em 1914-15 para 2,9 bilhões em 1915-16 e 3,7 bilhões em 1916-17. As grandes corporações americanas faziam negócios milionários e, após o fim da concorrência comercial alemã com o início da guerra, avançavam agora nos mercados dos países da Entente.

Até o fim de 1916, Washington defendia uma "paz sem vitória", pois sua posição de "neutralidade imparcial" em relação ao conflito tinha-lhe permitido alcançar muitos dos seus objetivos. A crescente presença comercial alemã na América Latina até 1914, e mesmo sua influência política (envio de tropas ao Haiti e apoio aos inimigos dos EUA no México), foram totalmente eliminadas. Além disso, os fornecimentos militares, agrícolas e industriais à Europa desde o início do conflito, representaram um *boom* para a economia americana.

No campo financeiro, os Estados Unidos passaram de devedores à credores do velho continente, e Nova Iorque substituiu Londres como centro das finanças mundiais. Quanto ao comércio internacional, os norte-americanos se aproveitaram das dificuldades dos europeus para arrebatar seus mercados, sobretudo na América Latina. Em relação à esta última região, a Casa Branca também ampliou sua presença política (Conferência Pan-americana de 1915) e militar (intervenções no Caribe).

Em abril de 1917 os EUA declararam guerra à Alemanha, sendo seguidos por Cuba, Panamá, Guatemala, Honduras, China, Portugal, Grécia e Brasil. Entretanto, foi preciso criar um exército apto para este tipo de guerra, já que os EUA não o possuía. Além disso, para Washington, a Entente era *associada*, e não *aliada*, e o Presidente Wilson desejava destruir a "corja militar alemã", mas não enfraquecer o país política e economicamente. De qualquer maneira, a entrada dos Estados Unidos definiam os rumos da guerra, mas seu impacto ainda demoraria tempo até ser sentido. Os anglo-franceses exploraram o fato mais politicamente, para propagandear o reforço de sua aliança frente aos Impérios Centrais e combater a onda de protesto, pacifismo e esquerdismo que crescia cada vez mais.

Enquanto isto, Pétain (apelidado por seus compatriotas como "açougueiro") substituía Nivelle e desencadeava uma vaga de repressão e fuzilamentos no exército francês, visando recompor sua disciplina, e procurou empregar mais equipamentos, com o fim de não depender tanto do fator humano. Convencido da impossibilidade de romper a frente, voltou à guerra de posições. Os ingleses, por sua vez, lançaram em julho uma ofensiva em Ypres, tentando conquistar o litoral de Flandres, onde os alemães possuíam bases de submarinos. Os alemães empregaram contra os atacantes gás asfixiante e substituíram a frente contínua por uma defesa móvel, com uso intensivo de metralhadoras. Depois de 100 dias de ofensiva, os ingleses ocuparam apenas 8 quilômetros, a um custo de 400 mil baixas (os alemães tiveram 240 mil).

Aproveitando-se da difícil situação dos exércitos russos, os alemães transferiram tropas para a Itália, desencadeando uma ofensiva com objetivos limitados em outubro de 1917. Para surpresa dos próprios atacantes, a frente italiana se desagregou em Caporetto, recuando desordenadamente. O avanço austro-alemão só foi contido com a chegada de reforços ingleses e franceses. Ainda antes do fim do ano, os ingleses lançaram um grande ataque de tanques Cambrai, no norte da França, com apoio da aviação e da infantaria, logrando estrondoso sucesso inicial, mas sendo contidos pelo contra-ataque alemão. Contudo, essa ofensiva serviu para demonstrar as possibilidades estratégicas da utilização do tanque. Mas o que o conjunto das operações demonstrou, foi o equilíbrio alcançado, e a impossibilidade dos avanços decisivos. Se por um lado a entrada dos EUA reforçava a Entente, por outro a saída da Rússia da guerra favorecia os Impérios Centrais.

A proposta de paz dos bolcheviques teve algumas consequências imediatas, pois teve enorme acolhida entre a população e os soldados de todos os países e desacreditou o discurso diplomático das potências coloniais e belicistas, então dominante. Como foi visto, a Inglaterra, a França, os Estados Unidos e o Japão ocuparam as regiões de conexão da Rússia com o exterior, como os portos de Murmansk, Arkangelsk, Vladivostok, região báltica, sul da Ucrânia, fronteiras da Ásia Central e Cáucaso, apoiando os Guardas Brancos (antirrevolucionários) e tentando evitar o avanço alemão. Outro ponto importante foi a proposta internacionalista wilsoniana dos *Quatorze Pontos*.

O documento abordava casos específicos de fronteiras no pós-guerra, mas, sobretudo, defendia o direito à autodeterminação dos povos, como foi visto. Isso dizia respeito não apenas aos impérios áustro-húngaro e Turco, mas continha implícito um ideal independentista que afetaria os grandes impérios coloniais europeus, que constituíam mercados aos quais os EUA desejavam ter acesso. Finalmente, referia-se à criação de uma organização internacional para garantir a paz, a Liga das Nações.

As negociações de Brest-Litovsk, prevendo uma "paz sem anexações", foi rejeitada pelos austro-alemães. Embora se dirigir aos soldados e cidadãos, passando por cima dos líderes, pudesse parecer estranho, naquele momento, a Alemanha e a Áustria-Hungria viam crescer a revolta interna, que se tornava difícil de controlar.

Na dupla monarquia danubiana, se intensificava a agitação nacionalista entre as minorias eslavas, e em fevereiro a esquadra austríaca, ancorada em Kotor, se amotinou, içou a bandeira vermelha e instalou sovietes. Só o envio de tropas alemãs conseguiu esmagar os revoltosos. Os alemães precisavam da paz no leste e dos recursos alimentícios e minerais russos para tentar um golpe de força no oeste e, com isto, obter uma saída honrosa da guerra. A Rússia Bolchevique parecia fraca, uma nova "Comuna de Paris" ressurgida na periferia europeia, e poderia ser liquidada depois. Embora tenha havido grande polêmica sobre a "traição" bolchevique à pátria russa (pois cedia imensos, estratégicos e ricos territórios) e aos "aliados" da Entente (porque saía definitivamente da guerra), nem o Kaiser nem Lênin pretendiam respeitar a paz, que era mais uma trégua útil aos dois. A Alemanha queria reunir todas as forças para um ataque na França e a Rússia queria tempo para consolidar o novo poder e se preparar para recuperar os territórios perdidos.

Da última ofensiva alemã à capitulação dos Impérios Centrais

A Alemanha imediatamente enviou a maior parte de suas tropas para a frente oeste, lançando a grande ofensiva de março de 1918, na intersecção dos exércitos anglo-franceses, visando destruir suas forças e conquistar Paris. Efetivamente, a frente inglesa foi desfeita, sendo tomados 90 mil prisioneiros, e os alemães avançaram 65 quilômetros, de onde puderam bombardear Paris com os canhões Grande Bertha. Mas cometeram erros táticos e não conseguiram vencer os franceses.

Não admitindo seu fracasso, o comando alemão desencadeou outra ofensiva em maio, conseguindo alcançar novamente o Rio Aisne, sendo detidos a 70 quilômetros de Paris, mas sem destruir as forças do adversário. Em julho lançaram a ofensiva denominada Batalha pela Paz (denominação que visava animar os soldados e a opinião pública alemã), tentando avançar sobre o Rio Marne, mas foram imediatamente detidos pelo novo comandante supremo da Entente, Foch.

As tropas americanas começaram a chegar, enquanto a Alemanha não conseguia repor suas perdas humanas. As forças da Entente passaram a ofensiva desde fins de julho, reocupando os salientes produzidos pelas três ofensivas alemãs. Estes sofriam perdas, recuavam já no interior da Bélgica, mas conservavam a frente e a organização de seus exércitos, ocupando novas posições defensivas. No Oriente Médio, apesar das tropas turco-alemãs haverem dominado o Cáucaso, na esteira das revoluções russas, os ingleses também passaram à ofensiva, ocupando a Pérsia (abandonada pelos russos) e tomando Bagdá em outubro de 1918, enquanto tribos árabes, coordenadas pelo Coronel Lawrence e apoiadas por unidades inglesas, avançavam pela Palestina e tomavam Damasco no mesmo mês.

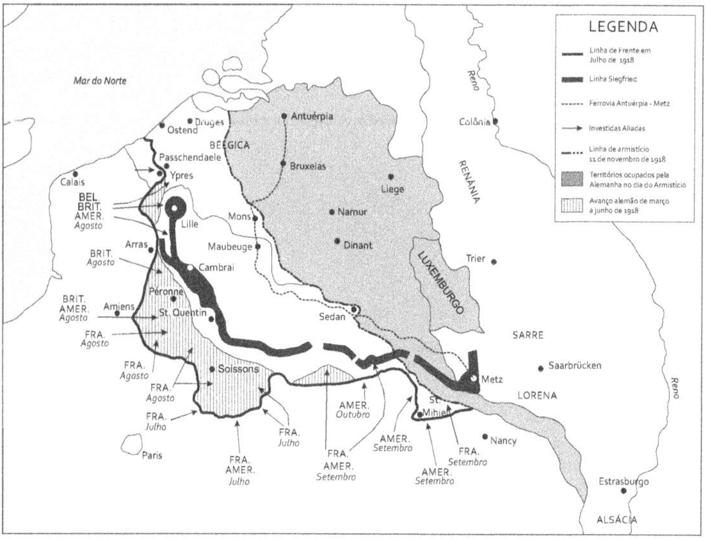

Paulo Visentini/Arte: Guilherme Ziebell de Oliveira

A Frente Ocidental em 1918

Na Alemanha, Ludendorff exige um armistício, para salvar o exército da desagregação, mas a Entente, ciente de sua vantagem, não se apressa em responder, pensando terminar a guerra em 1919. O pedido de Paz feito pelo Kaiser ao Presidente Wilson, em 29 de setembro, não foi respondido. Berlim então chegou a aceitar uma aproximação com a Rússia Soviética, que a esta altura lutava contra as forças de intervenção da Entente em seu território, mas essa iniciativa chegou tarde demais. O flanco sul dos Impérios Centrais começou a desmoronar, com os aliados da Alemanha saindo da guerra.

Na Bulgária, houve várias rebeliões no exército no verão de 1918, e quando os ingleses, sérvios e gregos passaram à ofensiva na frente de Salônica (Grécia) e libertaram a Sérvia, os exércitos búlgaro-alemães recuaram para o interior da Bulgária. Tropas búlgaras então se rebelaram e marcharam sobre a capital para derrubar o governo, o qual pediu socorro aos alemães, que se encontravam próximos, enquanto se rendia à *Entente* em 29 de setembro. As forças alemãs derrotaram os revoltosos, mas o colapso da Bulgária criou o perigo de um ataque aos Impérios Centrais pela retaguarda. Dia 30 de outubro a Turquia capitulou ante as potências ocidentais.

A Áustria, por sua vez, começou a perder terreno para os italianos, que venceram a batalha de Vittório Veneto, mas sobretudo tiveram que enfrentar a rebelião das minorias nacionais. Em 14 de outubro, uma greve geral em Praga se espalhou por toda Boêmia-Morávia (atual República Tcheca), que se retirou do império, o que logo ocorreu também nas províncias povoadas por ucranianos e poloneses. Em 31 de outubro, os operários e grupos nacionalistas assumiram o controle de Budapeste e proclamaram a independência da Hungria. Em meio à mobilização popular, as elites desses povos rapidamente assumiram a direção dos movimentos nacionalistas, visando consolidar as independências, mas, principalmente, evitar uma radicalização social. No dia 3 de novembro, o governo austro-húngaro, cujo país de fato não mais existia, pediu um armistício.

Na Alemanha, a própria burguesia se preocupava, seriamente, pela derrota que se aproximava e pela crise econômica, responsabilizando os militares e o Kaiser Guilherme II por não haverem conseguido uma paz vantajosa. Os círculos monárquico-militares decidiram então introduzir alguns elementos democratizantes no regime, nomeando o Príncipe Max von Baden Primeiro Ministro e concedendo dois ministérios aos social-democratas moderados, numa tentativa destinada a ampliar a base de sustentação do II Reich. A ala direita do Partido Social-Democrata, assim, mesmo no final do conflito seguia apoiando o governo e a guerra, procurando controlar suas bases operárias.

Em fins de outubro, o comando alemão decidiu desencadear uma nova batalha naval contra os ingleses, mas ao receber ordem de zarpar, os marinheiros de Kiel se amotinaram, passando à rebelião em 3 de novembro. O movimento se espalhou rapidamente para outros portos e, dia 6, rumo aos centros industriais alemães. Em muitos pontos da Alemanha eram criados sovietes de soldados e operários. A Entente, que não havia se preocupado em responder ao pedido de paz da Alemanha, comunicou-lhe rapidamente que aceitava a solicitação de armistício, e dia 8 a delegação alemã chegou ao Quartel General ocidental em Compiègne.

No mesmo dia estalou a greve geral em Berlim, exigindo o fim da monarquia e hasteando bandeiras vermelhas. Manobrando rapidamente para evitar a radicalização revolucionária que se esboçava, a ala direita do Partido Social-Democrata, com o apoio da burguesia industrial alemã, assumiu o poder e proclamou a República, enquanto o Kaiser fugia para a Holanda. Dia 11 de novembro a Alemanha assinava o armistício que a obrigava a abandonar os territórios franceses e belgas que ainda dominava, desmilitarizar seu território contíguo à fronteira ocidental e a entregar grande parte de seu armamento e meios de transporte. Mas o Armistício de Compiègne também previa a participação alemã na intervenção antissoviética, o novo objetivo da Entente.

O colapso dos impérios multinacionais e os novos Estados étnicos

A derrota militar da Rússia causou o fim de um império multinacional (que viria a ser substituído por outro Estado republicano, socialista e federal em 1922, a URSS). A Finlândia, os países bálticos (Estônia, Letônia e Lituânia) e a Polônia se tornaram independentes do império russo, além de outras perdas territoriais (territórios russos e ucranianos para a Polônia) e da independência temporária de outras nações durante o caos da Guerra Civil (Cáucaso, Ucrânia e Ásia Central), depois recuperadas pelos bolcheviques. As independências da Finlândia e da Polônia foram reconhecidas, mas não a fronteira russo-polonesa (anexada na guerra de 1920-21), que permaneceu contestada por Moscou, bem como o status dos Estados bálticos como nações independentes.

A criação da União Soviética em 1922 deu novo encaminhamento à questão das nacionalidades, conferindo-lhes uma base territorial e grande autonomia educacional-cultural e para a gestão local. Houve, então, um reforço da posição dos povos alógenos e, inclusive, durante a maior parte de sua existência, a URSS foi governada por não russos. Como foi possível manter a unidade de um Estado com tais características? A resposta que enfatiza a "repressão" não explica a notável estabilidade de sete décadas desse mosaico com mais de 120 nacionalidades reconhecidas. Houve uma padronização política, ideológica e administrativa (sovietização é radicalmente diferente de russificação), bem como um processo de modernização generalizado, que permitia a integração de todos os povos, ao mesmo tempo em que dava espaço para a sua afirmação identitária. E isso não impediu que houvesse uma crescente miscigenação entre eles, especialmente nas cidades e novas fronteiras econômicas. Aliás, a industrialização e a coletivização da agricultura criaram fluxos econômicos e divisão do trabalho no plano federal, que reforçavam a unidade.

A derrota da Turquia, por sua vez, representou a perda das províncias árabes, que se tornaram Mandatos anglo-franceses (forma de colonialismo camuflado). Assim, foi criada uma frustração nacionalista entre os árabes, que gerariam reações. Palestina, Transjordânia e Iraque ficaram sob controle inglês, com a primeira conhecendo os problemas ligado à crescente imigração judaica e a última, rica em petróleo, teve agregada ao seu território pelos ingleses a parte do Curdistão, também com petróleo. Isso gerou um problema nacional e antagonizou a França e a Turquia, que ambicionavam a região. Os franceses, por sua vez, ficaram com a Síria, de onde retiraram o Líbano (gerando um problema que persiste) e partes do norte para entregar à Turquia. As regiões litorâneas da península arábica que eram províncias turcas foram incorporadas à Arábia Saudita em formação e o Iêmen (do norte) se tornou uma nação independente, pobre e isolada.

Paulo Visentini/Arte: Guilherme Ziebell de Oliveira

A Europa Pós-Guerra I: Novos Estados e Fronteiras

Mas a própria Turquia remanescente tinha problemas com nacionalidades minoritárias. Os gregos do país foram trocados pelos turcos que viviam na Grécia e as comunidades armênias e curdas foram submetidas, esvaziando os planos americanos de criar Mandatos étnicos para ambos construírem futuras nações. Os armênios sofreram novas perseguições e a maioria morreu ou emigrou para a URSS (que tinha uma República Armênia autônoma) ou para os EUA e para a Europa. Os curdos permaneceram submetidos, dentro de um Estado centralizado, com poder renovado para evitar o trauma da desintegração do império. A modernização republicana foi limitada a certos campos, e não pode ser comparada com a soviética.

O colapso do império austro-húngaro (no qual as duas etnias totalizavam 20 milhões, enquanto os demais povos somavam 30 milhões), de fato dominado pelos austríacos alemães, deu lugar a uma pequena Áustria, a uma pequena Hungria e à Tchecoslováquia, com os demais territórios buscando a incorporação em Estados vizinhos, em linhas mais ou menos étnicas. A Áustria se tornou um Estado etnicamente alemão, empobrecido, proibido de se unir à Alemanha, e grande quantidade de alemães do extinto império ficaram fora dela. O mesmo se passou com a Hungria, cujas fronteiras, drasticamente reduzidas, deixavam de fora grande parte da população húngara e inviabilizavam sua economia. Ambas as nações perderam o acesso ao mar.

A Tchecoslováquia reuniu os pequenos eslavos do norte, tchecos e eslovacos, num mesmo país, onde a parte tcheca (Boêmia-Morávia) era industrializada e rica, e a Eslováquia era agrária e pobre. Mas o problema era que os eslavos constituíam apenas 46% da população, com forte minorias alemãs e húngaros, bem como polacos e ucranianos, menos numerosos. A zona de fala italiana no império foi anexada à Itália, que também incorporou alemães do Tirol e eslovenos na Ístria. As províncias polonesas e ucranianas do império foram incorporadas à Polônia, enquanto os romenos da Transilvânia foram incorporados à Romênia (que também anexou a Bessarábia russa, hoje Moldova). O problema é que existiam expressivas minorias húngaras e alemãs na região, em território próprio.

Com a derrocada do império multiétnico áustro-húngaro, também foram estabelecidas as condições políticas para a que os eslavos meridionais (ou pequenos eslavos, fisicamente separados do grande ramo do norte) pudessem constituir uma entidade política própria, pondo fim à subordinação aos turcos e aos austro-germanos. A Sérvia e o Montenegro já existiam como nações independentes e se uniram à Entente para combater as potências centrais. Populações sérvias, croatas, eslovenas e bósnias ainda se encontravam subordinadas ao império austro-húngaro e havia um nacionalismo pan-eslavo ativo e consciente, independente do pan-eslavismo diplomático de Moscou (aliado de ocasião contra os turcos e o pan-germanismo). E a Sérvia, como nação independente e ativa contra o império austro-húngaro, sempre serviu de modelo e atração aos demais povos eslavos.

Assim, o estabelecimento do Reino dos sérvios, croatas e eslovenos (incorporando também bósnios, montenegrinos e macedônios), sob a liderança de Karađorđević, representou tanto o resultado de um sentimento nacionalista pan-eslavo quanto às necessidades da diplomacia da *Entente* em criar uma entidade estatal mais sólida que os instáveis reinos balcânicos, como forma de impedir a reconstituição do império austro-húngaro ou do Turco Otomano. Os germânicos e húngaros detestavam o novo Estado e, ao longo da história, tudo fizeram para destruí-lo, e conseguiram após o fim da Guerra Fria. Mas a Iugoslávia nunca foi um Estado "artificial", especialmente a Federal e Socialista governada por Tito, de notável estabilidade.

O grande problema legado era que, no fundo, os novos Estados que buscavam se legitimar como "étnicos", constituíam frágeis entidades multiétnicas como os impérios, ou tinha minorias expressivas e descontentes. Na Finlândia, eram 12% de suecos, lapões, russos, carélios, enquanto na Estônia 12%, na Letônia 27% e na Lituânia 20% eram, predominantemente, russos. Na Polônia, 32% eram russos, ucranianos ou alemães.

Na Romênia, 24% eram húngaros ou Alemães, e o caso da Tchecoslováquia já foi visto. Mas havia também grandes comunidades judaicas nesses países que devem ser levadas em consideração.

A CONTINUAÇÃO DO CONFLITO E A DIPLOMACIA FALHADA NO PÓS-GUERRA (1919–1923)

O custo da guerra, os acordos de paz e o precário Sistema de Versalhes

Os custos humanos e materiais do conflito

As consequências da guerra foram terríveis. Morreram 8 milhões de soldados, 9 milhões de civis e, posteriormente, mais 6 milhões de pessoas devido à epidemia de Gripe Espanhola. Vinte milhões de pessoas ficaram inválidas, causando um drama humano e um problema econômico de dimensões gigantescas. Assim, a Grande Guerra foi o primeiro conflito moderno que teve mais mortos civis que militares. O número de soldados mortos foi o dobro dos que pereceram em todas as guerras dos 125 anos anteriores (desde a Revolução Francesa, inclusive). A esses números deve-se agregar milhões de refugiados da guerra, revoluções, mudança de fronteiras e colapsos econômicos no imediato pós-guerra.

A classe camponesa foi sensivelmente reduzida e a operária duramente atingida. A população masculina em idade produtiva e reprodutiva foi reduzida, gerando um problema econômico e de equilíbrio entre sexos. Milhões de mulheres jovens não tinham mais com quem formar uma família, enquanto, em outras famílias, havia órfãos e viúvas. Novas levas de emigrantes buscaram outros continentes, mas o temor a "agentes revolucionários" fechou as portas de muitas nações receptoras de mão de obra. O impacto psicológico também era perceptível, com otimismo da *Belle Époque* dando lugar à desesperança dos anos sombrios do desemprego, da instabilidade e da falta de perspectivas, inclusive nas sociedades dos países vencedores.

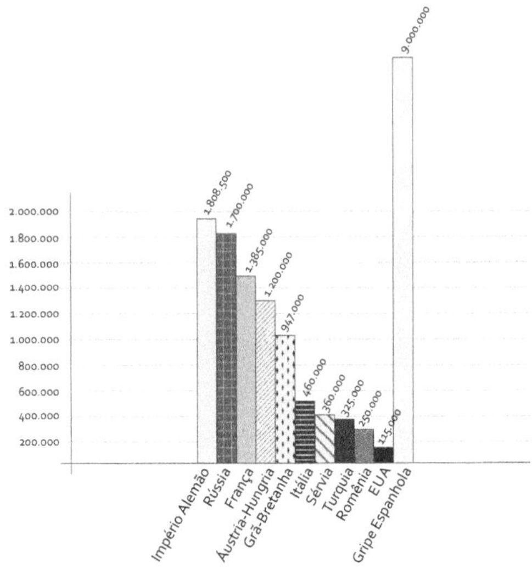

Paulo Visentini/Arte: Guilherme Ziebell de Oliveira

Mortos por País

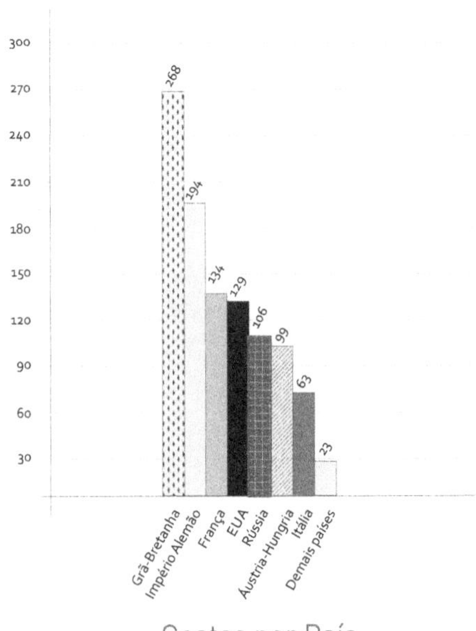

Paulo Visentini/Arte: Guilherme Ziebell de Oliveira

Gastos por País

A destruição material foi imensa nas zonas afetadas por combates. As indústrias, a agricultura, a infraestrutura e as cidades e residências foram destruídas na Bélgica e norte da França, zonas de grande desenvolvimento econômico. Até hoje, cem anos depois, ainda ocorrem explosões de munições não detonadas na época, as quais permaneceram enterradas. Na Rússia, onde a guerra duraria ainda mais, imensas regiões foram completamente arrasadas, com a vida social sendo rompida completamente. Centenas de navios foram afundados, prejudicando o transporte internacional de cargas e passageiros.

Também foram elevados os gastos com o conflito: a Inglaterra gastou 35% de sua riqueza nacional, a Alemanha, 24%, e a França, o império austro-húngaro e a Itália, 20% cada. Esses dados demonstram que, alguns, para vencer a guerra, perderam mais riqueza do que ganharam. O preço de derrubar o poder industrial-militar alemão fez com que a Inglaterra e a França se tornassem economias ainda mais vulneráveis que antes do conflito. Além do massacre humano, a "guerra civil europeia", como alguns historiadores se referem à Primeira Guerra Mundial, representou um retrocesso absoluto (momentâneo) e relativo (permanente) da economia e do poderio do velho continente, que deixou de ser o centro do mundo.

Os acordos de paz

Em janeiro de 1919, teve início a *Conferência de Paz em Versalhes*, protagonizada por estadistas como o francês Clemenceau, o norte-americano Wilson, os britânicos Balfour e Lloyd George, o italiano Orlando e o japonês Sayonji. Os vencidos não participaram da Conferência, e os pequenos Estados do grupo vencedor não tinham participação decisória. Em maio, as condições de paz foram entregues à Alemanha, que procurou barganhar condições melhores. Com a exigência de assinatura imediata e o medo de uma invasão pela Entente, o parlamento alemão aceitou o Tratado, que foi assinado em Versalhes em 28 de junho de 1919.

O Tratado criava a Liga das Nações (LDN), determinava a entrega de territórios alemães (Alsácia-Lorena à França e um corredor de acesso ao mar para a Polônia), de todas suas colônias, a entrega do material de guerra, da armada, a redução do exército a 100 mil homens, o desmantelamento das defesas, a entrega de parte da frota mercante, locomotivas, gado, carvão e o pagamento de enormes somas como reparação de guerra (insistência sobretudo da França, pela destruição de seu território), uma vez que a Alemanha e seus aliados foram considerados culpados pelo início da guerra.

Em setembro de 1919 foi firmado o *Tratado de St. Germain-en Laye* com a Áustria, pelo qual esta cedeu a maior parte de seus territórios, reconheceu a independências dos novos Estados danubianos e ficou proibida de se unir à Alemanha ou à Hungria. O Tratado de Paz assinado com a Bulgária em *Neuilly* (novembro de 1919), cedia territórios aos vizinhos (perdendo o acesso ao Mar Egeu), e com a Hungria em *Trianon* (junho de 1920) que, da mesma forma que a Áustria, cedeu a maior parte de seu território e teve de reconhecer os novos Estados, além ser proibida de voltar a se unir com a Áustria.

Quanto à Turquia, a paz foi assinada em *Sèvres* (não ratificada "provisoriamente" pelo parlamento turco), com o império perdendo as províncias árabes, a Armênia (temporariamente independente) e territórios da Anatólia e Trácia para a Grécia, além de ser obrigado a internacionalizar os estreitos. Posteriormente, com a eclosão da guerra civil e antigrega, que foi vencida pelos republicanos de Kemal Ataturk, as potências ocupantes se retiraram. Foi então firmada, em 1923, a *Paz de Lausanne* entre o novo governo turco e as potências ocidentais, com a Turquia tendo reconhecida a recuperação de vários territórios, adquirindo sua conformação territorial atual.

Os tratados europeus de paz foram complementados pela Conferência de Washington em 1921–1922, a qual era composta de quatro acordos: o *Pacto Naval*, que fixava a tonelagem para cada potência no Pacífico, de modo a limitar a expansão da armada japonesa; o *Tratado das Quatro Potências* (EUA, Grã-Bretanha, França e Japão), que garantia o *status quo* no Pacífico; o *Tratado das Nove Potências*, que assegurava a independência da China e a política de *portas abertas*; finalmente, o *Tratado de Shantung* obrigava o Japão a retirar-se de regiões ocupadas na China e Sibéria soviética. O conjunto de todos esses tratados na Europa e na Ásia criava o *Sistema de Versalhes*, que consistia numa estratégia de contenção da Alemanha, do Japão e da União Soviética, bem como de manutenção de um precário equilíbrio entre os vencedores da guerra. A fragilidade e a instabilidade desse sistema foi uma das causas da futura crise e da nova guerra mundial. Aos Estados Unidos coube um papel particular dentro desse sistema, analisado adiante.

O precário Sistema de Versalhes

Os tratados de paz agravaram os problemas de fronteiras contestadas e o tratamento de minorias nacionais, e todas as nações do campo perdedor reivindicavam sua revisão. No tocante à Alemanha, as consequências foram desastrosas. Uma potência industrial , que em 1914 aspirava à liderança europeia, foi reduzida em Versalhes a uma nação de segunda grandeza. Isso prejudicava a própria Europa, pois a Alemanha era justamente sua potência industrial mais dinâmica. Além dos graves efeitos econômicos das indenizações e perdas territoriais, as consequências políticas do tratado foram piores. A humilhação promovida pelo *diktat* de Versalhes constituiu um verdadeiro caldo de cultura para a radicalização do nacionalismo alemão pelas forças ultraconservadoras. Contudo, convém ressaltar que a Alemanha manteve sua soberania e suas estruturas econômicas básicas, uma situação muito melhor que a do segundo pós-guerra.

Ao mesmo tempo em que os Quatorze Pontos do presidente Wilson e a Revolução Soviética propagavam a ideia da autodeterminação e o colonialismo passava a ser um termo pejorativo, os vencedores, numa visão imediatista, dividiam as colônias alemãs entre si. Todavia, isso agora tinha de ser feito por meio do mecanismo "politicamente correto" dos Mandatos da Liga das Nações, que eram, em princípio, autorizações temporárias para administrar os territórios, mas sem uma data definida para o término. À França coube 2/3 do Togo e dos Camarões; o restante coube à Inglaterra, que também recebeu a totalidade da Tanganica. Os pequenos e densamente povoados Ruanda e Burundi couberam aos belgas, enquanto o Sudoeste Africano ficou com a União Sul-Africana. Os italianos receberam compensações anglo-francesas na Líbia e na Somália, enquanto os japoneses receberam Tsingtao e a maior parte dos arquipélagos alemães do Pacífico como Mandato. E o restante, mais a parte alemã da Nova Guiné, iam para a Austrália, também como Mandatos.

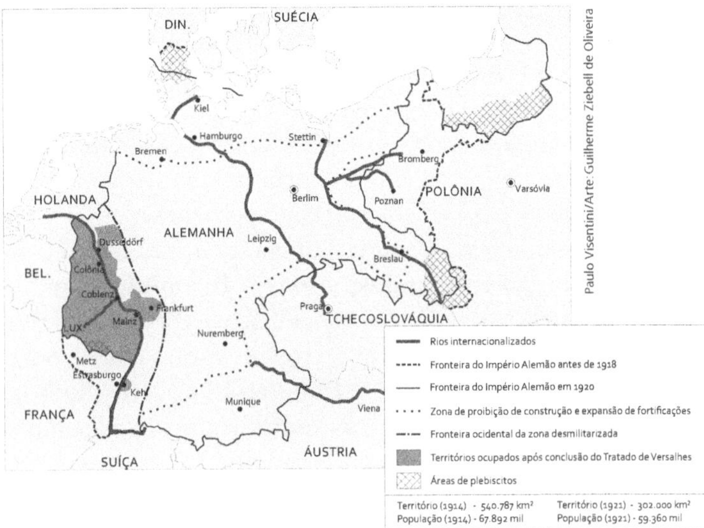

Paulo Visentini/Arte: Guilherme Ziebell de Oliveira

A Alemanha Pós-Guerra

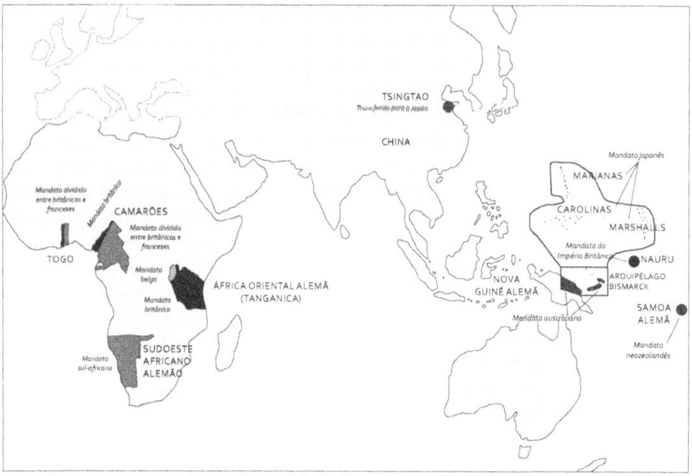

Paulo Visentini/Arte: Guilherme Ziebell de Oliveira

A Partilha das Colônias Alemãs

Ao lado do problema alemão e do soviético, a formação de novos e frágeis Estados na Europa Oriental ocupou grande parte da agenda diplomática. Finlândia, Estônia, Letônia, Lituânia, Polônia, Tchecoslováquia, Áustria, Hungria, Iugoslávia e, fora desta região, Irlanda (1921) e Islândia, eram os novos Estados. Além de rivalidades mútuas, existia entre eles o antagonismo entre os vencidos (que desejavam rever os tratados de paz) e os novos (defensores do novo *status quo*), além da maioria deles estar localizada na fronteira soviética. Quando se considera a fragilidade desses Estados, tem-se uma ideia das tensões permanentes que envolviam suas políticas exteriores e a ingerência das grandes potências.

O conflito enfraqueceu a posição europeia no mundo e fortaleceu a dos Estados Unidos, embora essa situação não tenha sido claramente percebida na época. A Liga das Nações, instalada em Genebra em 1919 como organização internacional que visava regular os conflitos mundiais, foi formada como um verdadeiro Clube dos Vencedores da Primeira Guerra (excetuando os EUA, que a ela não aderiram). Nessa fase, se sobrepunha uma economia capitalista internacional impulsionada pelos EUA a uma organização política dividida em Estados nacionais ainda centrada na Europa, sem a disciplina e a liderança de uma potência industrial.

Em parte, esse problema decorria do *isolacionismo* adotado pela política externa norte-americana com a volta dos republicanos ao poder. Não se tratava de um isolamento absoluto em relação ao cenário mundial, mas a recusa de assumir compromissos coletivos, uma vez que o país tinha consciência de sua força individual. Era também um relativo distanciamento dos problemas europeus, uma vez que a prioridade dos republicanos era a América Latina e a Ásia Oriental. Assim, o grande problema das relações internacionais dos anos 1920 consistia na posição americana, que achava possível gerir uma economia mundial em bases individuais, isto é, sem criar um sistema político internacional que lhe desse suporte. Na ausência desse, continuou vigente o defasado sistema europeu anterior, agravado pelo fato da Revolução Soviética haver rompido o sistema internacional, separando um sexto das terras emersas do mercado capitalista mundial.

O Ocidente, com o fracasso da contrarrevolução e da intervenção internacional na Rússia, adotou uma política de isolamento da Revolução Soviética por meio do *Cordão Sanitário* (aliança diplomática dos países europeus que faziam fronteira com a URSS, sustentada pelas potências capitalistas) que, a pretexto de impedir a "exportação da revolução", procurava estabelecer um bloqueio e arruinar a economia soviética e criar condições políticas para a derrubada do regime. Moscou, por sua vez, buscou apoiar politicamente os vencidos na Guerra, adotando uma política anti-Versalhes.

A situação da Alemanha de Weimar fez desse país o principal alvo da política externa soviética. As duas "ovelhas negras" do cenário mundial do pós-guerra formalizaram sua aproximação por meio do Tratado de Rapallo, celebrado em 1922 durante a fracassada Conferência Econômica de Gênova. O Tratado estabelecia relações diplomáticas entre Berlim e Moscou, e um item secreto permitia a instalação na URSS de fábricas alemãs de armamentos e o adestramento militar em armas proibidas pelo Tratado de Versalhes (tanques e aviões). Os soviéticos, além do comércio, obtiveram assim uma ligação mais sólida com uma potência industrial, além do comércio, o que, por outro lado, dificultava qualquer iniciativa para a formação de uma coalizão antissoviética, possibilidade sempre considerada e temida por Moscou (os bolcheviques transferiram de volta a capital para Moscou, porque estava no centro do país e Petrogrado estava ao alcance de qualquer invasão).

Seguiram-se tentativas ocidentais de recuperar a Alemanha economicamente (para evitar uma revolução social) e de afastá-la da URSS: o Plano Dawes (1924) investiu capitais, sobretudo norte-americanos e ingleses, na Alemanha; a Conferência de Locarno (1925) acordou tratados bilaterais de paz, melhorando suas relações com os aliados; em 1926, a Alemanha foi convidada a ingressar na SDN (em seu Conselho de Segurança), no lugar pretendido pelo Brasil, que então abandonou a Organização; além disso, as condições das reparações de guerra foram atenuadas ainda nos anos 1920. Temendo perder a posição obtida, a URSS assina com a Alemanha o Tratado de Berlim (1926), pela manutenção dos vínculos estabelecidos em Rapallo. Chamberlain, um dos mentores de Locarno, conduziu da Grã-Bretanha uma nova onda de hostilidade contra a União Soviética. A greve geral britânica de 1926, apoiada pela Komintern, forneceu o pretexto desejado pela direita para isolar Moscou ainda mais.

As guerras civis russa e europeias e as revoltas anticoloniais

A assinatura dos armistícios não significou o fim dos conflitos armados na Europa. O que se seguiu foi uma guerra civil generalizada, na esteira do colapso dos impérios continentais, pois bruscamente desapareceram as Dinastias dos Romanov, Habsburgo, Hohenzollern e dos Sultões Otomanos. A Guerra Mundial dava lugar às Guerras Civis Revolucionárias, e a da Rússia duraria ainda mais quatro anos.

As Guerras Civis na Europa Centro-Oriental

O Partido Social-Democrata da Alemanha (SPD) era uma organização marxista que lutava pela implantação do socialismo até a Primeira Guerra Mundial e possuía uma ampla base social e sindical operária. A acelerada industrialização do II Reich (1871–1918) criou uma ampla base industrial, que oscilava entre o disciplinamento da fábrica e do Estado bismarkiano (nacionalismo) e os protestos políticos e lutas sociais. Na véspera da Guerra era, sem dúvida, o maior partido alemão, que comandava sindicatos gigantescos e combativos e uma das causas do conflito foi barrar sua gradual ascensão.

Como lembra Eric Weitz,[4] a unificação e a industrialização tardias da Alemanha geraram condições que levaram a uma forte polarização política durante o II Reich (1871–1918) e a República de Weimar (1919–1933) entre o socialismo e o nacionalismo conservador. O Partido Social-Democrata (SPD) e, depois, o Partido Comunista da Alemanha (KPD), criaram instituições, práticas sociais e uma cultura específica dentro da sociedade alemã, praticamente um Estado dentro do Estado. Mais ainda, o socialismo alemão foi a principal fonte formadora do bolchevismo russo, com o qual mantinha estreitas relações. O desencadeamento da guerra deixou o SPD frente a um dilema: apoiar seu país na guerra (votando os créditos e aceitando o predomínio dos militares) ou honrar o internacionalismo proletário da II Internacional, da qual era o partido mais forte, recusando a Guerra e lutando pela paz, por meio de uma greve internacional. Da mesma forma que em

4 WEITZ, Eric. Creating German Communism, 1890–1990. From popular protest to socialist state. Princeton: Princeton University Press, 1997.

outros países, a maioria absoluta apoiou a primeira opção, e dirigentes como Rosa Luxemburgo e Karl Liebknecht foram para a prisão.

Mas a Guerra foi uma carnificina desastrosa, e, em 1916, começaram os motins de soldados, as greves de operários e os protestos da população civil. Nos últimos dias da guerra, o Kaiser ordenou que a marinha saísse para combater os ingleses e os marinheiros se revoltaram e criaram assembleias. Simultaneamente, como foi visto, em Berlim, a revolução ganhou as ruas com a proclamação da república, o que gerou uma contrarrevolução, com a ala direita dos social-democratas se unindo às demais forças conservadoras e da elite empresarial alemã. Dias depois, a Alemanha capitulava, mas se colocaria a serviço dos países da Entente para colaborar no esmagamento da Revolução Soviética.

Mas, a paz diplomática não correspondeu a uma paz militar no continente europeu. Na Alemanha, enquanto o líder do SPD, Friedrich Ebert assumia a chefia do governo, apoiando-se na ala direita de seu partido, os Conselhos de Operários e Soldados tomavam o controle das cidades mais importantes do país. Em Berlim, a ala esquerda desse partido transformou-se no grupo revolucionário Espártaco, liderado por Rosa Luxemburgo e Karl Liebknecht, e mobilizou seus partidários para a implantação de um regime socialista (ditadura do proletariado) em janeiro de 1919. O governo social-democrata, com apoio dos políticos ultraconservadores e de seus *Freikorps* (corpos francos, de soldados desmobilizados), esmagou a revolução em Berlim depois de alguns dias de combate, sendo assassinados os dois líderes espartaquistas. Assim, criava-se um abismo intransponível e desastroso entre o SPD e o KPD recém-formado.

A República Soviética da Baviera, proclamada por Kurt Eisner, em abril, levou um mês para ser sufocada. Além de outros focos revolucionários isolados no inverno de 1918-1919, a Alemanha conheceria a formação de um forte Partido Comunista, originário dos espartaquistas, e novos levantes revolucionários na Turíngia (1921) e em Hamburgo (1923), entre outros. A revolução alemã, apesar do ruído que produziu, não tinha raízes profundas, e, na medida em que o país capitulara quando suas estruturas ainda estavam intactas, o SPD e a direita mantiveram o controle da situação. O regime republicano de Weimar (cidade onde foi promulgada a nova Constituição alemã) também sofreu tentativas de golpes de direita e extrema-direita, como o *Putsch* monarquista de Kapp em Berlim (1920) e o *Putsch* nazista de Hitler em Munique (1923), ambos malogrados.

Durante a República de Weimar, o KPD tornou-se um grande partido de massas, dividindo o eleitorado de esquerda (entre 30 e 40%, dependendo da eleição) e a base sindical com o SPD, mas sofreu uma política de contenção por parte de todos os outros partidos. Além disso, o SPD tentava se aproximar do Ocidente e aceitar um *status* reduzido da nação para ser aceita no Sistema de Versalhes/Liga das Nações, o que ameaçava o Acordo de Rapallo, firmado, em 1922, entre a Alemanha e a URSS, as duas "ovelhas negras". Assim, por ressentimento e para apoiar Moscou, muitas vezes fez alianças táticas com os nacionalistas conservadores. Isso, mais as oscilações da III Internacional, fizeram com que o KPD vivesse num gueto, embora fosse extremamente ativo e radical.

A partir de 1923, a Alemanha foi estabilizada, as reparações reduzidas e recebeu os dólares do Plano Dawes, fazendo com que o SPD ganhasse terreno. Mas, nas ruas, as milícias operárias do KPD, Combatentes da Frente Vermelha, enfrentavam as forças da polícia e as SA nazistas, protegendo as sedes sindicais e partidárias.

Paulo Visentini/Arte: Guilherme Ziebell de Oliveira

A Europa Pós-Guerra II: Conflitos Internacionais e Revoluções

Na Itália ocorreram ocupações de terras e fábricas pelos trabalhadores, além de greves e protestos generalizados, que o governo liberal era incapaz de controlar. As classes dirigentes lançaram mão do movimento fascista, que chegou ao poder por meio da marcha sobre Roma, pondo fim a essa situação em

1922. Em abril de 1923, os comunistas conseguiram controlar parte da Bulgária por quatro semanas, apoiados em uma rebelião camponesa. Mas a situação foi mais grave e complexa no império austro-húngaro, pois, com seu colapso, eclodiram tanto movimentos políticos de caráter étnico-nacional como socialistas.

Os deputados do Parlamento de Viena proclamaram a República austríaca, unida à Alemanha, o que foi vetado pela Entente. Na Hungria, a República foi proclamada e o conde Karolyi nomeado presidente, em meio a uma crise política, que desembocou numa revolução em março de 1919, formando-se uma República Soviética liderada por Bela Kun. A aristocracia fundiária, apoiada por tropas romenas e assessores franceses, conquistou Budapeste em agosto, acabando com a experiência. Na Eslováquia, que depois se juntaria aos tchecos formando a Tchecoslováquia, também foi implantado um regime soviético, que durou apenas um mês (julho de 1919)

A Guerra Civil na Rússia Soviética

Dias antes da assinatura do Tratado de Brest-Litovsk, o governo bolchevique criou o Exército Vermelho, devido à debilidade militar da Revolução, pois o exército czarista desintegrara-se. A paz com a Alemanha, embora tenha evitado uma derrota imediata, não alterou a difícil situação. Forças contrarrevolucionárias (guardas brancos) organizavam-se nas regiões periféricas do país, reforçadas por tropas da Entente, enquanto os alemães ocupavam grande parte do território. Em março de 1918, ingleses, canadenses e americanos desembarcaram no norte, ocupando Murmansk e Arkangelsk, entre abril e junho, japoneses e norte-americanos ocuparam Vladivostok e parte da Sibéria, enquanto forças inglesas penetravam pela Ásia Central. Iniciava-se a guerra civil e a intervenção internacional contra a Rússia Soviética, que duraria quatro anos.

A rendição da Alemanha agravou a situação, pois suas tropas foram reforçadas por franceses e ingleses na Ucrânia e nos países bálticos. Apesar da desesperada situação da Revolução em 1919, que controlava apenas a região central da Rússia europeia, eclodiram vários motins nas tropas intervencionistas, pois os soldados estavam fartos da guerra e manifestavam certa simpatia pela revolução. A Entente então retirou a maior parte de suas tropas, exceto japoneses e americanos que continuaram no Extremo Oriente, mas aumentou seu apoio político e material (armas e dinheiro) aos diversos governos brancos, que enfrentavam os vermelhos.

Na Ucrânia, além dos nacionalistas pró-alemães e dos guardas brancos contrarrevolucionários, apoiados pelos anglo-franceses, os bolcheviques tiveram de enfrentar a revolta camponesa liderada pelo anarquista Makhno. Mas é importante ressaltar que a revolução bolchevique havia triunfado na maior parte dos países bálticos (Letônia, Lituânia e Estônia) e fazia parte do governo na Finlândia recém-independente. Foi a intervenção estrangeira, especialmente dos *Freikorps* alemães que sufocou a revolução, apoiando as forças conservadoras. A esquerda sempre fora forte nessas regiões, particularmente na Letônia e Lituânia, de forte população judaica, anteriormente organizadas no movimento esquerdista Bund. O famoso cineasta soviético Eisntein, por exemplo, era letão.

O almirante czarista Kolchak, por sua vez, controlava grande parte da Sibéria; o general Denikin, a Ucrânia; e o general Yudenitch, o Báltico. Eles tentaram avançar em direção a Moscou, para onde a capital havia sido transferida, mas o Exército Vermelho se tornara eficaz e contava com apoio popular, conseguindo derrotar esses ataques. Em face da gravíssima situação econômica e militar, o novo regime lançou o *Comunismo de Guerra*, um conjunto de medidas de militarização da produção e da administração, com vistas a fazer frente à guerra civil.

Paulo Visentini/Arte: Guilherme Ziebell de Oliveira

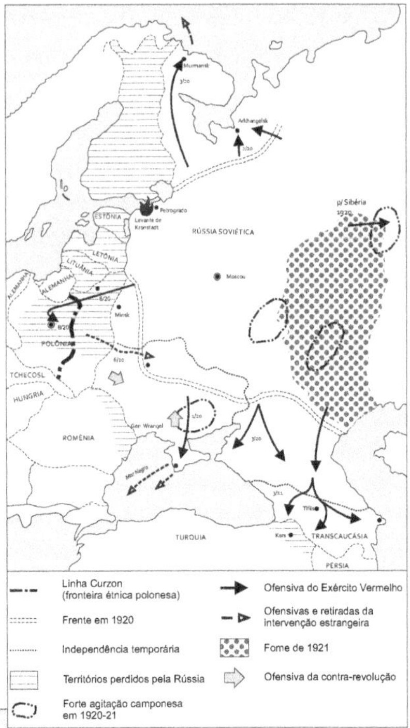

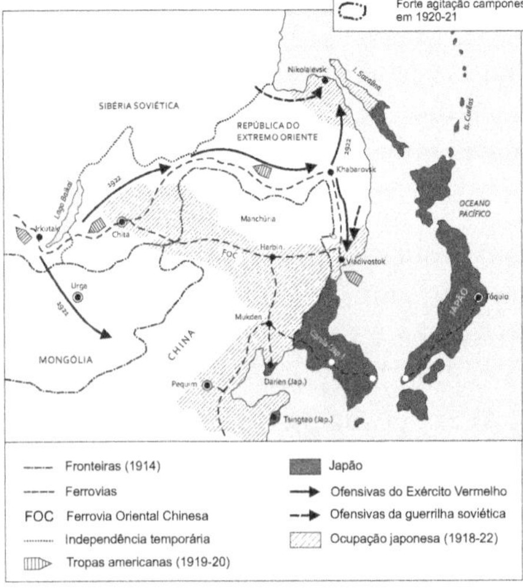

A Guerra Civil Russa e o Extremo Oriente

Ao mesmo tempo, em reação à pressão do capitalismo internacional, os bolcheviques proclamavam que a Revolução era apenas o início de um movimento destinado a varrer a Europa e o mundo. Nesse contexto, como foi visto, em 1919 (ano do máximo isolamento internacional e das maiores dificuldades enfrentadas pelo país), acontecia em Moscou a criação da III Internacional (*Komintern*), destinada a substituir a II Internacional e a coordenar a ação dos partidos revolucionários de todo mundo. A *Komintern* foi criada em 2 de março de 1919, por delegados de 34 partidos comunistas. Com os bolcheviques sendo atacados na Guerra Civil russa e a onda de revoluções pela Europa, a principal preocupação formal da Internacional era apoiar a Revolução onde fosse possível, ou ao menos articular ações contra governos hostis. A dualidade *internacionalismo proletário* versus *interesse nacional* era encarada pelos bolcheviques como parte da necessidade da defesa da "Pátria da Revolução".

Em abril de 1920, quando o Exército Vermelho começou a avançar sobre os territórios sob o controle dos brancos, a Polônia invadiu a Ucrânia e tomou Kiev, mas suas tropas foram vencidas e perseguidas até a fronteira. A liderança bolchevique então hesitou em continuar o avanço em território polonês, mas finalmente decidiu prosseguir a ofensiva. Contudo, os trabalhadores não os acolheram como "Exército da Internacional", mantendo-se numa perspectiva nacionalista. O exército polonês, reforçado por unidades francesas, derrotou o Exército Vermelho frente a Varsóvia e, na paz logo celebrada, arrancou mais territórios da Rússia. A Linha Curzon, que passava por Brest-Litovsk, fora traçada pela diplomacia britânica e era, aproximadamente, a fronteira étnica entre poloneses de um lado e russos e ucranianos do outro. Foi esse território de 200 km de largura que foi reocupado pela URSS em 1939.

Além dessa derrota, os bolcheviques observavam que a Revolução refluía na Europa e que eles ficariam sozinhos por muito tempo. Na Sibéria, os soviéticos expandiram sua influência sobre um estado-tampão por eles criado, a República do Extremo Oriente (devido à presença japonesa na região), derrotaram os brancos e os perseguiram através da Mongólia em 1921 (que se tornou uma República Popular aliada em 1924). A Guerra Civil chegava ao fim, embora na Ásia Central ainda houvesse focos de resistência muçulmana (apoiados pelos ingleses) até meados da década de 1920. O Ocidente buscou isolar a Revolução Russa no chamado *cordão sanitário*. Como resposta, Moscou buscou se apoiar politicamente nos vencidos, adotando um política oposta ao Acordo de Versalhes, cooperando com a Alemanha, como foi visto.

Durante o inverno de 1920-21, o Exército Vermelho derrotou as principais forças contrarrevolucionárias e intervencionistas das potências capitalistas. Restavam ainda focos de guerrilhas sustentadas pelos ingleses no Turquestão, e tropas brancas, japonesas e norte-americanas continuavam ocupando a Sibéria Oriental. Contudo, em breve, a agitação na Ásia Central seria aplacada, e a República do Extremo Oriente, reincorporada. Entretanto, o preço da vitória era elevado, e a situação bastante crítica. A produção estava paralisada, a população debilitada e os camponeses descontentes. A Revolução sobrevivera, mas em um cenário de ruínas, enquanto o povo atingira o limite de sua capacidade física e psicológica. Era necessária uma pausa para refazer-se antes de avançar. A economia se achava paralisada, as ferrovias e demais transportes estavam em grande parte destruídos e a maior parte do parque industrial havia sido arrasada pela luta ou pela sabotagem.

A fome atingia vastas regiões do país, causando sete milhões de mortes, além de desencadear uma epidemia de tifo e cólera, que produziu mais dois milhões de vítimas. A isso devem ser acrescentados quatro milhões de mortos na Primeira Guerra Mundial e um milhão na Guerra Civil. Ao lado desses 14 milhões de mortes, é necessário contar outros tantos milhões de mutilados, que representavam um peso adicional aos sobreviventes. Por outro lado, a independência da Polônia, Lituânia, Letônia, Estônia e Finlândia, bem como a cessão territorial à Romênia, Turquia e Polônia representavam a perda de 900.000 km^2 economicamente importantes e de 30 milhões de habitantes (a população do império russo alcançava, em 1914, 160 milhões).

O triunfo da Revolução de Outubro fora possível graças à aliança operário-camponesa, cujo fundamento era a combinação de uma revolução proletária e de uma revolução burguesa, sob o comando dos bolcheviques. A primeira, socialista, apoiava-se nos operários urbanos e visava a supressão da propriedade privada; a segunda, capitalista, desejava a extensão e o desenvolvimento da propriedade privada no campo. O campesinato aceitou os sacrifícios do Comunismo de Guerra enquanto havia o risco da volta dos antigos proprietários, mas, com a derrota da contrarrevolução, este recuou para uma economia natural. A vontade de usufruir o *status* de proprietário era agora a tendência dominante.

A Nova Política Econômica (NEP), como política que favorecia ao camponês, permitiu a rápida recuperação da economia russa, devido ao caráter primitivo da agricultura, a qual necessitava modestos investimentos. O setor industrial era o grande sacrificado. Apesar dos problemas, o regime conseguiu criar milhares de escolas, sobretudo no campo, instituindo o ensino gratuito até os 12 anos, e ampliou enormemente a estrutura médico-sanitária, causando grande impacto sobre a recuperação demográfica. No dia 30 de dezembro de 1922, foi criada a União das Repúblicas Socialistas Soviéticas (URSS), como Estado federal multinacional, que contava com mais de cem povos.

O precoce desaparecimento de Lênin (falecido em janeiro de 1924) afetou seriamente o Partido e o novo regime. Seu papel ultrapassava de longe o dos demais líderes da Revolução, devido ao prestígio e autoridade de que gozava e a suas qualidades de teórico, político e estadista. Nesta época, o Partido era integrado por um setor de militantes cosmopolitas e intelectualizados, em sua maioria de classe média, que viveram exilados no exterior por algum tempo antes da Revolução (como Trotski). Um segundo grupo era constituído por elementos oriundos em sua maioria do operariado, e na minoria da classe média e camponeses, que tinham certa limitação teórica e uma militância dentro do país, executando tarefas difíceis e vivendo nas duras condições de clandestinidade (como Stalin).

A luta sucessória, esquematicamente, foi travada entre estes dois grupos, e se estendeu pela década de 1920. Trotski desejava que a Revolução fosse *permanente e mundial*. Stalin, por sua vez, defendia a teoria do *socialismo num só país*, argumentando que, frente ao insucesso da Revolução no ocidente, a URSS teria que construir as bases econômicas do socialismo com um esforço próprio. A evolução internacional e a situação interna da URSS facilitaram a vitória do grupo stalinista em 1927.

As revoltas anticoloniais

No mundo colonial, a "guerra civil europeia" repercutiu como um incentivo às lutas pela emancipação. As metrópoles europeias, além de sairem enfraquecidas do conflito, durante o mesmo tiveram de mobilizar os recursos humanos e materiais das colônias, as quais avançaram politicamente. A ideologia emancipadora da Revolução Soviética e os princípios de autodeterminação contidos nos Quatorze Pontos do Presidente Wilson, por sua vez, constituíram um enorme estímulo para os movimentos independentistas. Até a Primeira Guerra Mundial o colonialismo era apresentado como uma virtude, e depois dela passou a ser visto como uma política negativa.

A Guerra do Riff no Marrocos espanhol (1921–26) e as guerrilhas na Somália britânica e na Líbia italiana, os violentos protestos na Índia e no Egito britânicos (este independizado em 1922), a forte agitação política na Indonésia holandesa e na Indochina francesa, o amadurecimento do nacionalismo árabe no frustrado Oriente Médio e o aprofundamento da luta social e de libertação nacional na China são exemplos mais significativos desse movimento. A rivalidade econômico-militar nipo-americana na Ásia oriental e no Pacífico se avolumou, enquanto o colonialismo europeu se enfraquecia na região, que era influenciada pela Revolução Soviética e pela intensificação dos conflitos sociopolíticos na China. A Conferência de Washington apenas adiou o confronto entre os interesses japoneses e anglo-americanos no extremo oriente e na bacia do Pacífico.

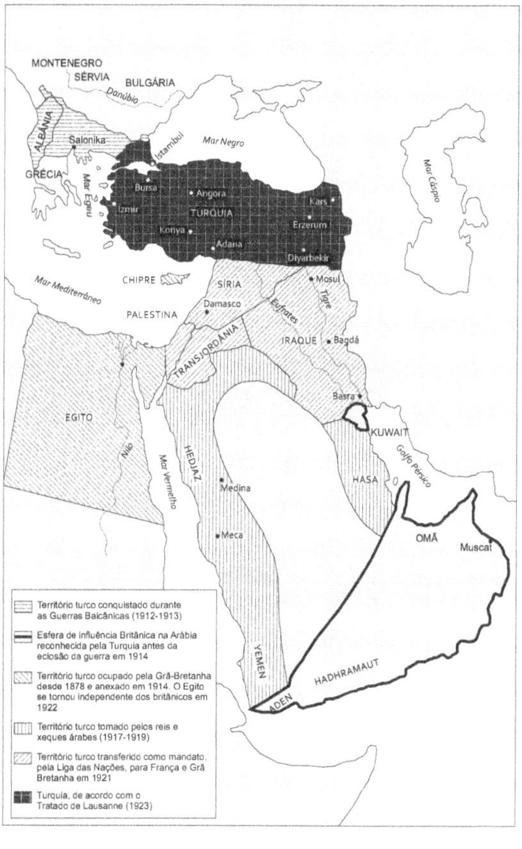

Paulo Visentini/Arte: Guilherme Ziebell de Oliveira

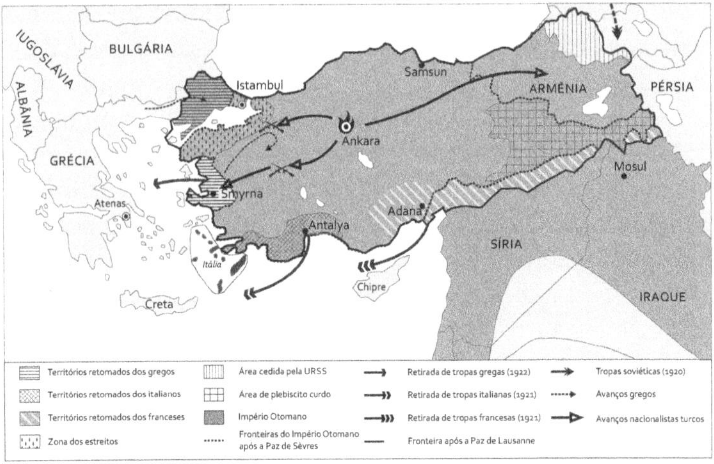

O Fim do Império Turco e o Novo Oriente Médio

No Oriente Médio, a Grã-Bretanha ocupou a Palestina, a Transjordânia e o Iraque, enquanto à França coube o Líbano e a Síria, como foi visto. Essa política colonial radicalizou o nacionalismo árabe, responsável por vários levantes contra essas potências. Embora estes tenham sido sufocados, nem tudo saiu conforme os planos de Londres. Na Turquia, o nacionalismo modernizador liderado por Mustafá Kemal levantou-se contra o Sultão e as potências da Entente, estabelecendo um governo republicano em Ankara, no planalto da Anatólia, com apoio soviético. Suas forças rechaçaram a ofensiva grega, recuperando os territórios ocupados por esse país ao fim da guerra, derrotaram e reanexaram a Armênia independente, e venceram o Sultão, tomando Constantinopla. As potências ocidentais se retiraram dos estreitos e das áreas de influência que haviam estabelecido na Turquia. Kemal "Ataturk" ("pai dos turcos") modernizou as estruturas sociais e políticas do país, além de recuperar sua soberania nacional e evitar o desmembramento que estava ocorrendo.

Na península arábica, o Xerife Hussein de Meca, aliado dos ingleses, dominava o Reino do Hedjaz, mas foi derrotado militarmente por seu rival Ibn Saud da região de Nedj. Saud uniu essas regiões e expandiu militarmente seus domínios na península, criando um reino que em 1932 viria a ser denominado Arábia Saudita, o primeiro a se aliar aos Estados Unidos na região e a permitir a instalação das empresas petrolíferas americanas, organizadas no conglomerado ARAMCO (Arabian-American Company). Essa era a rival da empresa anglo-holandesa Shell, estabelecida na região por meio das empresas Anglo-Iranian Oil e Anglo-Irakian Oil. Assim, ao lado do nacionalismo anticolonial, o Oriente Médio vivia também um antagonismo anglo-americano pelo controle do petróleo da região.

Os ingleses acolheram seus aliados da família Hussein, derrotados militarmente por seu rival, Ibn Saud, aliado à seita fundamentalista islâmica Wahabita, presenteando-lhes com os tronos de seus Mandatos[5] da Transjordânia e do Iraque. No Egito, o partido Wafd manifestou-se contra os ingleses, que concederam ao país uma independência formal, mantendo sua presença econômica no país, além de presença militar no canal de Suez e no porto de Alexandria. A Síria e o Líbano (desmembrado da primeira) passaram a ser Mandatos franceses em 1920, regiões, como visto, sem petróleo. No início dessa década, o sírio Michel Aflak criaria o Partido Baas (Renascimento Árabe), que viria a governar o Iraque e a Síria 40 anos depois, com uma linha modernizadora, laica e socializante.

No tocante à Pérsia, os ingleses, presentes na vizinha Índia e temerosos dos russos, sempre buscaram enfraquecer o governo central persa dos Qajars, que eram pró-russos, mas também buscavam, quando necessário, o apoio Ocidental para controlar sua população. Como na Turquia, desde fins do século XIX

5 Tipo de território colonial cuja duração da dominação era temporária (embora não definida) e autorizada pela Liga das Nações. Abrangia as colônias dos Impérios Centrais derrotados na Primeira Guerra Mundial.

houve tentativas de modernização. Em 1925 os ingleses, com apoio dos nacionalistas, derrubaram o império dos qajars e estabeleceram a dinastia Pahlevi, consolidando seus interesses petrolíferos e menosprezando os sentimentos nacionalistas em ascensão. Tanto Ataturk, da Turquia, como Reza Shah, da Pérsia, basearam sua política no nacionalismo étnico enraizado no passado, como forma de legitimação.

No período que se seguiu à Primeira Guerra Mundial, a questão judaica adquiriu maior importância, repercutindo decisivamente sobre a região. Desde fins do século XVIII, no contexto da Revolução Francesa, os judeus começaram a conquistar igualdade política na Europa ocidental. Na segunda metade do século XIX, entretanto, com o advento da questão nacional na Europa oriental, passaram a ser perseguidos, sofrendo *Pogroms* (massacres) na Rússia czarista. A polícia secreta desse chegou a forjar a famosa obra "O Protocolo dos Sábios de Sion" (1905), a peça mais elaborada do antissemitismo da época.

A reação judaica aos *Pogroms* de 1881 e 1882 foi a elaboração de seu próprio nacionalismo, o sionismo. Desde 1882, a Chowewe Zion (simpatizantes de Sion) propunha a colonização da palestina pelos judeus, embora outras áreas, como Uganda e a região do Rio da Prata, tenham sido cogitadas. Em 1896, na esteira do crescimento do antissemitismo na Europa ocidental (ilustrado pelo caso Dreyfus), Theodor Herlz publicou *O Estado Judeu*, e no ano seguinte foi realizado o I Congresso Sionista em Basileia, na Suíça. Em 1918, Chaim Weizmann fundou a Universidade Hebraica na Palestina.

Desde o final do século XIX iniciou-se um limitado fluxo migratório de judeus para a região palestina, fato que se acelerou depois da guerra, devido às grandes mudanças ocorridas no leste da Europa com a Revolução Russa e o desmembramento do império austro-húngaro. Na Palestina, a Agência Judaica comprava terras para a colonização, geralmente adquirindo-as de proprietários absenteístas, que viviam em Beirute e outros lugares, levando os camponeses a abandonarem suas terras. Nelas eram implantados os *Kibbutz*, fazendas coletivas inspiradas em um ideal socialista de retorno à terra, mas que constituíam também áreas militarmente fortificadas, com objetivos estratégicos.

Com o isolamento da URSS e o refluxo da revolução na Europa, os bolcheviques substituíram a ideia do assalto pela do assédio. Entretanto, o Congresso dos Povos do Oriente, realizado em Baku (1923), mostrou que na perspectiva soviética a revolução bloqueada no oeste estendia-se ao leste colonial e semicolonial. As revoltas e agitações anticoloniais na Ásia e norte da África, aliadas à Revolução Chinesa em desenvolvimento, reforçavam as convicções bolcheviques. Da Mongólia e do Extremo Oriente soviético, a Rússia bolchevique conseguiu estabelecer contato direto com o movimento revolucionário chinês, apoiando o governo de Sun Yat-Sen, sediado em Cantão. O país achava-se convulsionado e dividido entre *senhores da guerra* que lutavam entre si, apoiados pelas potências imperialistas rivais.

Os soviéticos organizaram a Academia Militar de Whampoa para adestrar o exército do Partido Nacionalista (Kuomintang), pressionando o jovem Partido Comunista Chinês a apoiá-lo no quadro da política de frente única da Internacional Comunista. Com a morte de Sun Yat-Sen, o líder nacionalista aliado da URSS e admirador da Revolução Soviética, o general Chiang Kai-Chek assumiu a direção do Kuomintang em 1925. Após vários desentendimentos com os conselheiros soviéticos sobre a condução da guerra, Chang lançou uma grande ofensiva, derrotando os adversários do centro e norte da China em 1927.

Entretanto, à medida que os objetivos *nacionais* do Kuomintang eram atingidos, mais se reforçava a corrente hostil às transformações *sociais* contidas em seu programa, e isso afetava diretamente a aliança com o PC. Instigado pela elite financeira e feudal chinesas, bem como pelas potências coloniais, Chang massacrou os comunistas em Cantão em abril de 1927. O PC Chinês, após o desastre provocado pelo atrelamento aos nacionalistas imposto pela Internacional, adotou uma estratégia heterodoxa com Mao Zedong (Mao Tsé-Tung) e Chu Teh, transferindo o eixo da luta revolucionária para o campesinato, retirando-se das cidades e criando sovietes camponeses no sul da China. A Revolução Chinesa, entretanto, só viria ter seu desfecho em 1949, com a vitória dos comunistas.

Assim, a Primeira Guerra Mundial realizou a nova repartição do mundo colonial desejada pela Inglaterra e pela França, mas a expansão do colonialismo coincidiu com o início de sua contestação e declínio. A vitória anglo-francesa foi, sobretudo, uma *vitória de Pirro*, pois não apenas estas potências se enfraqueceram com a guerra, como o sistema que dera suporte à sua projeção mundial iniciou seu desgaste. Pior, novas ameaças se levantavam no horizonte, enquanto a Europa se equivocava, acreditando continuar a ser o centro do mundo, e os EUA se enganavam, ao considerar a primazia econômica como condição suficiente para o exercício da liderança mundial, sem arcar com os custos da estruturação de um sistema político mundial. Enfim, a década posterior ao fim da Guerra Mundial foi marcada pelas ilusões de um mundo que encontrava-se voltado para o passado, que se encerraria com a quebra da Bolsa de Nova Iorque em 1929 e com a Grande Depressão.

A crise do liberalismo e a instabilidade europeia nos anos 1920

O pós-guerra apresentou um quadro de crise generalizada na Europa. O desemprego, a inflação e a recessão se somaram a uma intensa mobilização política e a conflitos sociais acentuados. Os sintomas de uma revolução social eram fortes já desde fins de 1916 nos países beligerantes, como visto em detalhes. A queda da monarquia e depois o triunfo dos bolcheviques na Rússia reforçaram este movimento. A rendição alemã e a desintegração do império austro-húngaro precipitaram revoluções nesses países. O esmagamento sangrento desses levantes não restaurou, entretanto, a estabilidade político-social. Os anos de 1919 a 1923 foram marcados pelas graves dificuldades da *reconversão econômica* e pelo esforço de *contenção das tendências revolucionárias.* O período que se estende de 1924 a 1929 ficou conhecido como os *anos da grande ilusão* ou da *falsa prosperidade*, marcados que foram na Europa pela recuperação econômica e relativo afrouxamento das tensões sociais.

A guerra legou, especialmente à Europa, uma série de graves problemas. A questão das minorias nacionais, que havia sido um dos estopins da guerra, foi acentuada com o fortalecimento da consciência nacional e do princípio de autodeterminação dos povos. As mudanças de fronteiras não resolveram os problemas das minorias da Europa oriental como ainda os transferiu aos novos e instáveis Estados da região. Esse problema afetava particularmente a Alemanha, pois o desmembramento do império austro-húngaro fez com que as minorias alemães do leste passassem de uma posição de dominante a uma situação de subordinação dentro dos novos países. Isso ampliou o nacionalismo étnico alemão, o que dentro desse país fragilizado pela hiperinflação de 1923, também revestiu-se de hostilidade em relação aos imigrados do leste europeu, detentores de moedas fortes, os quais ocuparam parcialmente o lugar da classe média alemã (que os considerava "judeus").

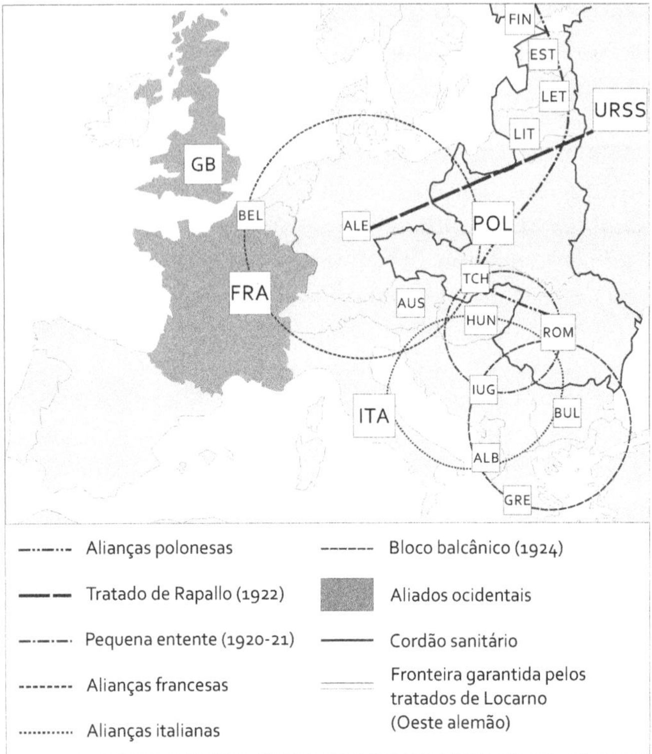

Paulo Visentini/Arte: Guilherme Ziebell de Oliveira

As Alianças Europeias nos Anos 1920

No plano social se observa a consolidação da sociedade de massas, configurada sobretudo com a emergência da classe operária e de seus partidos políticos, ainda que estivesse dividida entre social-democratas (reformistas) e comunistas (revolucionários), cujos partidos se associaram à Internacional Comunista. O sindicalismo se tornou particularmente atuante, e obteve muitas concessões das classes dirigentes, que desejavam evitar novas revoluções socialistas e precisavam superar ideologicamente o comunismo, provando a superioridade do capitalismo. Nos anos 1920 foram obtidas muitas das conquistas sociais pelas quais os trabalhadores lutavam há mais de um século.

A crise do liberalismo, que é a característica fundamental do período entreguerras, está relacionada ao desenvolvimento de uma economia fortemente monopolizada, enquanto as estruturas políticas e a organização social do trabalho permaneciam ainda as do capitalismo liberal. A guerra também gerou a crise da democracia liberal. Já durante o conflito ocorreu certa centralização das decisões políticas no aparelho estatal. A desilusão, o ceticismo e a incerteza em relação ao futuro, que marcaram o pós-guerra (fim da *Belle Époque* anterior a 1914), a crise socioeconômica, o temor das elites, a pressão dos grupos financeiros e industriais pelos seus interesses e a crescente organização operária, conduziram ao descrédito das instituições liberais. Assim, se abria o caminho à ascensão do autoritarismo e do fascismo, que pregavam a violência, o nacionalismo expansionista e a ditadura, e que utilizavam amplamente os novos métodos de propaganda e comunicação em massa.

A Igreja, por sua vez, encontrou na cruzada anticomunista um novo campo para expandir sua ação política e recuperação de sua influência perdida. Não se pode perder de vista que a Grande Guerra acabara derrubando muitas das instituições europeias e abalara os mecanismos de dominação social anteriores. Além da queda de antigos impérios e do descrédito das classes dirigentes frente à população, o número de regimes republicanos igualou o de monarquias no velho continente, passando de 3 em 1914 para 14 em 1921.

Já antes da crise de 1929, regimes autoritários e fascistas chegaram ao poder: em 1919 na Hungria (Alm. Horty); em 1922 na Itália (Mussolini); em 1923 na Espanha (Primo de Rivera) e Turquia (Kemal "Atatürk"); em 1925 na Albânia (Ahmed Zogu); em 1926 na Polônia (Pilsudski); na Lituânia (Smetona Voldemaras) e em Portugal (Gomes da Costa); e em 1929 na Iugoslávia (onde o Rei Pedro suspende a constituição e organiza um governo autoritário). Entretanto, apesar dessa onda direitista, as relações internacionais continuam se caracterizando nos anos 1920 por uma diplomacia tradicional, mais preocupada com os resultados da guerra passada (pela manutenção ou revisão de seus resultados) do que com projetos para o futuro, como nos anos 30.

A situação dos Estados Unidos era diferente, pois o país reforçou sua posição econômica internacional frente à Europa e aumentou qualitativamente sua penetração na América Latina. No plano interno, o capitalismo americano conheceu um desenvolvimento e um dinamismo muito grandes. A indústria fordista produziu uma euforia consumista na classe média, que passou a adquirir automóveis e eletrodomésticos como rádio e geladeiras. Havia uma febre de investimento nas Bolsas de Valores, e as expectativas pareciam otimistas, o que era retratado em outra megaindústria, o cinema de Hollywood, que dominou a sociedade americana e expandiu o *american way of life* pelo mundo.

Em 1928 o Presidente Hoover declarou que em poucos anos a pobreza estaria erradicada do país. Contudo, em 24 de outubro de 1929 ocorria a queda da Bolsa de Valores de Nova Iorque, ponto de partida de uma grande crise econômica mundial, que, na década seguinte, se transformaria numa grande depressão do mundo capitalista. As falências e as demissões atingiram cifras astronômicas nos EUA, logo espalhando-se pelos demais países. Tratava-se de um crise cíclica de superprodução, cujas graves consequências abriam caminho para a Segunda Guerra Mundial.

CONCLUSÃO: O DECLÍNIO DA EUROPA E O CAMINHO PARA UMA NOVA GUERRA MUNDIAL

Como um mundo que se globalizava, democratizava, alfabetizava, aumentava a riqueza e vivia há quase um século sem as guerras constantes, generalizadas e prolongadas do passado, mergulhou no gigantesco massacre que foi a Primeira Guerra Mundial? A globalização que a antecedeu foi, inclusive, mais intensa que a atual, pois havia também, enormes fluxos migratórios (Nova Iorque, São Paulo e Buenos Aires se tornaram as maiores cidades "italianas"). Para entender o conflito há que recuar às *causas estruturais*, que se encontram no período de 1890 a 1904. Ali amadureceram as contradições, que se acumularam, adquirindo uma pressão inimaginável. O primeiro capítulo mostra *por que* a guerra emergiu. Mas eram necessários elementos catalizadores para que ela eclodisse e se transformasse num conflito de megaproporções. São os fatores *conjunturais*, analisados no segundo capítulo, durante a década que antecedeu a conflagração (1904-1914). Demonstra *como* a guerra eclodiu.

De que forma um incidente político isolado (o assassinato do herdeiro austríaco), numa zona periférica, arrastou todas as potências mundiais a se destruírem mutuamente? Não houve "um culpado" pelo desencadeamento da guerra, ela foi fruto de um sistema que entrou em crise, e existiram aqueles cujos planos se manifestaram de forma grosseira, como a Alemanha, com sua carga de nacionalismo romântico (combinada com a indústria e a tecnologia mais avançadas) e desprezo explícito pelos demais. Mas havia também aqueles que, com a experiência de 150 anos de domínio mundial, sabiam se mover na sombra e induzir outros a agirem, como a Inglaterra, especialista em intrigas diplomáticas. E ocorreu também o imponderável, a explosão da força subestimada da classe trabalhadora e de pequenos grupos políticos que a orientavam.

Entre 1914 e 1918 o mundo conheceu o primeiro conflito industrial, o mais violento da história, até então. Uma guerra pensada para acabar em seis meses, nesse curto período produziu um equilíbrio e um impasse que levaram a um esforço suicida durante quase cinco anos. Enquanto uma gigantesca quantidade de homens e recursos era imobilizada numa estreita faixa de terra no norte da França, num processo de destruição mútua, surtidas limitadas eram feitas em teatros secundários, sem efeitos decisivos. Mas um deles, menosprezado como peão da luta principal, a Rússia, viria a ser um elemento catalisador do potencial de mudança provocado pela Grande Guerra. Pela sua fraqueza, ela não era levada a sério, sendo apenas utilizada pela Entente como força auxiliar para dividir o exército alemão em duas frentes em momentos difíceis.

A tensão e o custo humano e material, que cresciam exponencialmente, levaram os beligerantes a ter de enfrentar a aguda insatisfação interna, civil e militar. De repente, o inimigo também estava dentro do país, não mais acreditando nos discursos patrióticos, mas pedindo alimentos, se recusando a trabalhar ou se insubordinando na frente de combate. O interessante foi que, para enfrentar essa situação, os dois lados buscaram contínuos saltos à frente (mais do mesmo), agravando-a mais ainda. A Rússia foi a primeira nação a conhecer a grande ruptura. Até então o problema era a geografia russa, nação vasta, pouco povoada e mais extensa à medida que adentravam em seu território, com insuficiente infraestrutura e sem objetivos estratégicos viáveis para um exército de país industrial.

Mas logo o *homem russo* passou a ser o problema, com a eclosão de duas revoluções em um ano, levando à implantação de um regime socialista. Esse regime propôs uma paz geral, quando civis e militares de todos os países não mais suportavam o esforço. As metralhadoras e canhões matavam centenas de milhares em ofensivas curtas com avanços insignificantes e logo revertidos. Enquanto se morria aos milhões nas trincheiras, com aviões, tanques, gases e lança-chamas fazendo sua estreia, sem eficácia decisiva, na retaguarda, a população tinha de ser contida. E as alianças governantes começavam a se decompor, frente a uma guerra que parecia não ter fim nem perspectivas de ser vencida, a não ser a um custo proibitivo.

Os imperadores que iniciaram o jogo de guerra, quase todos parentes consanguíneos, generais com medalhas e uniformes imponentes, diplomatas empertigados e industriais gananciosos, manobrando milhões de soldados sem rosto, logo começaram a ser ultrapassados por pessoas pouco expressivas, mas que viriam a ter uma importância decisiva no futuro. Vladimir Ilich Ulianov, codinome Lenin, revolucionário russo exilado na Suíça, logo lideraria uma Revolução que seria o elemento catalisador ao longo de todo o século XX. Um homem médio e pouco expressivo (Stalin ficou decepcionado quando o conheceu pessoalmente), nascido na fronteira da Europa e da Ásia, com ascendentes russos, alemães, judeus e mesmo tártaros, mas de uma lucidez e uma determinação impressionantes.

Na Alemanha, uma outra figura pouco expressiva, estava sendo forjada pela guerra. Austríaco engajado voluntariamente no exército quando a guerra eclodiu, ele foi ferido na perna em 1916 e foi vítima de um ataque a gás promovido pelos britânicos quando a guerra estava por terminar. Recebeu a Cruz de Ferro de Primeira Classe, a máxima condecoração do II Reich. Não era um tipo que pudesse lembrar o ideal ariano, pelo contrário, Adolph Hitler era mediano, calado, moreno e sem atributos físicos marcantes. Mas era um homem de forte convicções nacionalistas e racistas, que conduziria a Alemanha ao reerguimento e a uma nova Guerra Mundial, liderando um partido de extrema-direita e apoiado pelos grandes industriais alemães.

A Revolução Soviética não apenas afetou os rumos militares do conflito, ao retirar a Rússia da guerra, mas também introduziu elementos políticos desestabilizadores novos nos países beligerantes, pois representava um modelo a ser seguido, uma esperança de paz e uma potencial aliança política aos que enfrentavam seus próprios governos. De início, a guerra se ampliou por toda a Rússia, com a forças da Entente tendo que se dispersar mais ainda. Os Estados Unidos, já tendo declarado guerra aos Impérios Centrais, arrastaram consigo outros países, como o Brasil.

Mas a razão brasileira era menos devida à fidelidade ao aliado norte-americano ou aos navios afundados pelos alemães e mais à tentativa de criar uma unidade patriótica num país onde, pela primeira vez, as greves ganhavam dimensão nacional. A esquadra brasileira, em péssimo estado, mal conseguiu enviar alguns navios em 1918, que em Dakar, teve as tripulações atingidas pela gripe espanhola. Os poucos que prosseguiram, ao chegar no Golfo de Biscaia (França/Espanha), receberam a notícia de que a guerra havia acabado. Os filhos da elite, que se alistaram na força aérea britânica foram recebidos de má vontade e nunca entraram em combate. Mais utilidade teve o corpo de enfermeiras brasileiras, que permaneceu na França depois da guerra cuidando de milhares de feridos.

O último esforço alemão, em 1918, foi malsucedido e suas forças recuavam. Mas seus aliados fracassaram antes, com a rendição da Bulgária, da Turquia e o esfacelamento do império austro-húngaro, criando um grave risco de invasão pelo sul. A Alemanha era como um crocodilo, com os dentes na França, as costas protegidas pela couraça dos nórdicos neutros, o rabo na Rússia (capaz de derrubar, nada mais) e o ventre (o Vale do Danúbio) exposto e vulnerável. A isso se somou a explosão revolucionária em todo o bloco, apressando o fim do conflito para salvar ao menos o exército alemão e derrotar a ameaça interna. Mas a Entente, apesar de dar algum espaço para que essa tarefa fosse cumprida, aproveitou as dificuldades dos vencidos para impor condições insuportáveis, baseada em planos insensatos em relação ao futuro.

A colossal destruição humana e material dos beligerantes europeus representou um golpe mortal para suas economias, ao desarticular a principal e mais dinâmica economia do continente, a Alemanha. Foi uma *Vitória de Pirro,*[6] em que os custos são maiores que os ganhos. Mas os Estados Unidos, sob maioria republicana, não quiseram assumir seu papel de liderança política mundial, rejeitando o *internacionalismo wilsoniano*. As velhas potências coloniais, então, continuaram a comandar a diplomacia, imprimindo um significado oposto às ideias que inspiraram as recém-criadas instituições mundiais, como a Liga das Nações. Em lugar de um mundo aberto, o colonialismo tentava se manter e isolar a Alemanha e a Rússia Soviética, sem os EUA, com os olhos voltados ao passado. O Sistema de Versalhes já nascia inviável e cultivava uma nova guerra.

Quando os canhões silenciaram na frente Ocidental, todavia, não significaram o fim do conflito, que permaneceria ativo no leste (especialmente na Rússia) e no Oriente Médio, pelo mesmo período que durara a guerra. Se, por uma lado, numa interpretação menos tradicional, se pode considerar que o primeiro tiro da Grande Guerra foi disparado em 1904 na Guerra Russo-Japonesa, é válido marcar o seu encerramento com o fim das Guerras Civis (que iniciaram ainda durante a Guerra Mundial) em 1923. E dois aspectos são relevantes nesses conflitos de continuidade: a fragilidade estrutural dos novos Estados do leste e a não aceitação de um Estado socialista no sistema mundial. Uma ordem estável fora destruída sem que outra fosse construída em seu lugar.

A isso se pode acrescentar o duro tratamento dispensado à Alemanha, a política de contenção do Japão e o declínio diplomático, econômico e social da Europa. A combinação de todos esses elementos preparou o caminho para uma nova Guerra Mundial, cujo elemento catalisador será a crise de 1929 e a Grande Depressão, com seus impactos diferenciados entre as

---

6 Rei do Épiro que, ao vencer uma batalha na antiguidade, percebeu que perdera muito mais homens e recursos que o adversário. "Mais uma vitória dessas e perco a guerra", teria dito.

várias potências. A Europa, que por quatro séculos fora o centro do sistema mundial, deixara de sê-lo.

Houve certa ilusão nos anos 1920, mas o velho continente foi incapaz de controlar a crise dos anos 1930 e a Segunda Guerra Mundial, que propiciaria a criação do mundo bipolar das superpotências, acabaria com a Alemanha e o Japão e reduziria a Inglaterra e a França a papéis subalternos. Mesmo tentativas posteriores, como a integração europeia ocidental, não alteraria a situação, pois tinha razão o ex-Chanceler alemão Willy Brandt ao dizer que "a Comunidade Europeia é um gigante econômico e um anão político". E o fim da Guerra Fria e da própria URSS somente demonstrou o quão incapaz o velho continente se tornou politicamente. E com a crise de 2008, nem mesmo a economia e o modelo social parecem ter boas perspectivas.

Nos campos devastados do norte da França e nas nacionalidades do leste, a Europa das potências declinou, perdendo sua força como coração diplomático e econômico do mundo. A Grande Guerra preparou o caminho de uma outra ainda mais devastadora, que completaria o processo de declínio e abriria espaço à expansão do comunismo e aos poderes extraeuropeus. Todavia, mesmo assim, a grande ruptura e transformação ocorreram em função da Grande Guerra de 1914–1918, com a mútua destruição das potência capitalistas europeias, a qual abriu caminho para a Revolução Socialista na Rússia, que é parte inseparável desse conflito. O estudo da Guerra, um século depois, é de grande utilidade, pois o mundo está se encaminhando para tensões muito semelhantes, com uma globalização que se transforma em rivalidade, pequenos Estados que geram crises perigosas e nomes adormecidos que voltaram à luz, como Sarajevo, Sérvia e "império russo". Mas dessa vez o jogo perigoso vem de Londres e Paris, e não de Berlim.

Cronologia da Guerra e da Diplomacia

1890–1904

- Demissão de Bismarck como Chanceller alemão (1890)
- Aliança franco-russa: início da formação da Tríplice Entente (1894)
- Guerra Sino-Japonesa; vitória japonesa (1894–95)
- Derrota da Itália pela Etiópia em Ádua (1896)
- Reconquista do Sudão por Kitchener e derrota francesa em Fachoda (1896–98)
- Revolta dos Boxers na China (1898–1900)
- Incidente de Fachoda (1898)
- Guerra Estados Unidos-Espanha; Independência de Cuba (1898)
- Guerra Anglo-Boer na África do Sul (1899–1902)
- Exposição Universal de Paris (1900)
- Expedição Internacional à China e derrota dos Boxers (1900)
- Prevista jornada de trabalho de 10 horas em 4 anos na França (1900)
- Primeira mensagem transoceânica sem fio (Marconi) (dez. 1901)
- Morte da rainha Vitória (22 jan. 1901)
- Aliança anglo-japonesa (jan. 1902)
- Assassinato do presidente Mc Kinley; Ted Roosevelt sucede-lhe (6 set. 1902)
- Intervenção dos Estados Unidos no Panamá; independente (nov. 1903)

- Congresso de Londres: cisão da social-democracia russa em bolcheviques e mencheviques (1903)
- *Pogroms* no sul da Rússia e Congresso Sionista (1903)
- Concessão da ferrovia de Bagdá à Alemanha (1903)
- Início da guerra russo-japonesa (fev. 1904)

1904–1914

- *Entente cordiale* entre França e Grã-Bretanha (1904)
- Derrota russa frente ao Japão; Tratado de Portsmouth (set. 1905)
- Revolução de 1905 na Rússia
- Primeira crise marroquina (1905)
- Acordo russo-inglês origina a Tríplice Entente (ago. 1907)
- Conferência de Paz em Haia (1907)
- Gandhi adota a Resistência Passiva (1907)
- Ondas de fome na Rússia, Índia e China (1907)
- Fundação da companhia petrolífera anglo-holandesa Shell (1907)
- Segunda crise marroquina (1908)
- Império austro-húngaro anexa a Bósnia-Herzegovina (1908)
- Revolução dos *jovens turcos* e influência alemã (1908)
- G. Sorel publica *Reflexões sobre a violência* (1908)
- Agitação social na França e em Barcelona (1909)
- Japão anexa a Coreia (1910)
- Conferência Pan-Americana em Buenos Aires (1910)
- Derrubada da monarquia em Portugal (1910)
- Revolução na China derruba a monarquia manchu (1911)

- Guerra ítalo-turca, anexação da Líbia pela Itália (1911–12)
- O norueguês Amudsen atinge o polo sul (1911)
- Primeira Guerra dos Bálcãs; derrota turca (out. 1912)
- Protetorado francês sobre o Marrocos (1912)
- Agitação social na Rússia (1912)
- Eleição do democrata W. Wilson à presidência dos Estados Unidos (1912)
- Início do uso do método de produção fordista nos Estados Unidos (1912)
- Segunda Guerra dos Balcãs; independência da Albânia e derrota da Bulgária (jun. a ago. 1913)
- Leis ampliando serviço militar na Alemanha e na França (1913)
- Vitória eleitoral da esquerda na França (abr. 1914)
- Conclusão do Canal do Panamá (1914)

1914

- Assassinato do herdeiro do trono austríaco em Sarajevo (28 jun.); crise austro-sérvia
- Ultimato austríaco à Sérvia (23 jul.)
- Declaração de guerra austríaca à Sérvia deflagra a Primeira Guerra Mundial (28 jul.)
- Alemanha declara guerra à Rússia (1 ago.)
- Alemanha declara guerra à França (3 ago.)
- Alemanha invade a Bélgica (4 ago.)
- Austria-Hungria invade a Sérvia (12 ago.), mas é rechaçada
- Força Expedicionária Britânica desembarca na França (22 ago.)
- Batalha das Fronteiras (22–25 ago.)

- Áustria-Hungria atacam os russos na Galícia, mas são derrotadas e recuam (23 ago. a 26 set.)
- Batalha Russo-alemã de Tannenberg (26–30 ago.)
- Batalha naval da ilha de Helgoland na costa alemã (28 ago.)
- Batalha do Marne (5–10 set.)
- França contra-ataca no Rio Aisne (13 set.)
- Batalha de Ypres (15 out.)
- Alemães atacam a Polônia russa; resultado indefinido (out. a nov.)
- Turquia declara guerra à Entente (29 out.)
- Invasão anglo-indiana na Mesopotâmia (Iraque) (21 nov.)

1915

- Batalha Naval de Dogger Bank, no Mar do Norte (24 jan.)
- Alemães reconquistam aos russos a Prússia Oriental (22–25 ago.)
- Ataque naval da Entente nos Dardanellos (estreitos turcos) (18 mar.)
- Alemães empregam gases asfixiantes (22 abr.)
- Desembarque aliado em Galípoli (25 abr.)
- Afundamento do navio inglês de passageiros Lusitânia por submarino alemão (7 maio)
- Ofensiva em Artois (9 maio)
- Itália declara guerra ao Império Austro-Húngaro (23 maio)
- Alemães interrompem ofensiva em Ypres (25 maio)
- Primeiro ataque de um dirigível Zeppelin a Londres (31 maio)
- Japoneses impõem as 21 Demandas à China (7 ago.)

- Ofensiva austro-alemã obrigam russos a abandonar a Polônia para evitar cerco (ago.)
- Bulgária entra na guerra ao lado dos Impérios Centrais (6 set.)
- Ocupação da Sérvia pelos Impérios Centrais (out.)
- Desembarque da Entente em Salonica: impedir adesão grega aos Impérios Centrais e acesso destes ao mar (5 out.)

1916

- Forças da Entente evacuam Gallipoli (9 jan.)
- Ofensiva russa ocupa a Armênia turca e parte da Pérsia (jan–abr), mas turcos recuperam Armênia (ago)
- Início da Batalha de Verdun (21 fev.)
- Alemanha declara guerra a Portugal (9 mar.)
- Rendição Indo-Britânica no Iraque turco (16 abr.)
- Revolta da Páscoa na Irlanda (23 abr.)
- Batalha naval da Jutlândia no mar do Norte (31 maio)
- Ofensiva do General Brussilov na Rússia (5 jun.)
- Insurreição árabe no Hedjaz (6 jun.)
- Inicio da ofensiva aliada no Somme (1 jul.)
- Italianos iniciam a Batalha de Gorizia (9 ago.)
- Romênia declara guerra ao Império Austro-Húngaro (27 ago.)
- Hindenburg e nomeado Chefe do Estado Maior alemão (29 ago.)
- Emprego de tanques de guerra pela primeira vez, pelos ingleses (15 set.)
- Término das Batalhas de Verdun e do Somme (24 out. e 18 nov.)
- Lloyd George nomeado Primeiro Ministro inglês (6 dez.)

1917

- Alemanha lança guerra submarina total (9 jan.)
- Telegrama Zimmermann e interceptado pelos ingleses (19 jan.)
- Estados Unidos rompe relações com a Alemanha (19 jan.)
- Início das Ofensivas de Nivelle em Arras pela Entente (19 jan.)
- Revolução russa derruba o Czar; Governo Provisório segue na Guerra (8 mar.)
- Estados Unidos declaram guerra à Alemanha (6 abr.)
- Lênin regressa do exílio e defende a tomada do poder pelos Bolcheviques (16 abr.)
- Agitação militar na França e greves na Europa (maio)
- Petain assume o comando do exército francês para reprimir a onda de motins (15 maio)
- Grécia declara guerra aos Impérios Centrais (29 jun.)
- Rei George V da Inglaterra altera sobrenome alemão de Saxe-Coburg e Gotha para Windsor (7 jul.)
- Ofensiva italiana em Caporetto (24 out.)
- Bolcheviques tomam o poder na Rússia (7 nov.)
- Lênin assina Decreto da Paz e Decreto da Terra na Rússia (8 nov.)
- Ataque massivo de tanques pela Entente em Cambrai (20 nov.)

1918

- Presidente Wilson lança os 14 Pontos (8 jan.)
- Mulheres obtêm direito de voto na Inglaterra (18 jan.)
- Tratado de Brest-Litovsk entre Rússia e Alemanha (3 mar.)
- Início da guerra civil na Rússia (primavera)

- Início da Ofensiva de Primavera alemã na França (21 mar.)
- Foch e nomeado comandante geral das forças da Entente na França (29 mar.)
- Japoneses invadem a Sibéria (5 abr.)
- Terceira Batalha do Aisne (27 maio)
- Fracassa segunda ofensiva alemã no Marne; grande retirada alemã (15–21 jul.)
- Após revolta interna, Bulgária pede armistício (29 set.)
- Max von Baden nomeado Chanceler alemão (3 out.)
- Forças da Entente capturam a Linha Hindenburg (5 out.)
- Após sucessivas derrotas, a Turquia capitula (30 out.)
- Após semanas de revoltas internas, rendição oficial austríaca (3 nov.)
- Kaiser Guilherme II abdica e foge para a Holanda (9 nov.)
- Revolta dos marinheiros de Kiel (8 nov.), proclamação da República e armistício alemão (11 nov.)
- Lloyd George vence as eleições na Inglaterra (14 dez.)
- Franceses invadem no sul da Rússia (16 dez.)
- Islândia se torna independente da Dinamarca (neutra)
- Tzara publica o *Manifesto Dadá* (corrente artística que nega o sentido estruturado das anteriores) e Spengler, *A decadência do Ocidente.*

1919–1923

- Semana Vermelha em Berlim, com derrota dos espartaquistas (6–11 jan. 1919)
- Início da Conferência de Paz em Paris (12 jan. 1919)
- Início da Guerra Civil na Irlanda (jan. 1919)
- Fundação da Internacional Comunista (4 mar. 1919)
- Proclamação da República Soviética húngara (21 mar. 1919), derrotada em agosto
- Agitação social generalizada na Europa centro-oriental
- Massacre de Amritsar na Índia (13 abr. 1919)
- Tratado de Paz de Versalhes com a Alemanha (28 jun. 1919)
- Levante de Mustafá Kemal contra o Sultão e início da guerra civil na Turquia (5 ago. 1919)
- Lei Seca nos Estados Unidos (28 set. 1919)
- Tratado de Paz de St Germain-en-Laye com a Áustria (10 set. 1919)
- Tratado de Paz de Neuilly com a Bulgária (27 nov. 1919)
- Criação da Liga das Nações em Genebra (10 jan. 1920)
- Exército Vermelho derrota a contrarrevolução e as intervenções internacionais (1920)
- Polônia invade a Rússia, mas é derrotada (maio e jun. 1920)
- Tratado de Paz de Trianon com a Hungria (4 jun. 1920)
- Tratado de Paz de Sèvres com a Turquia Otomana (20 ago. 1920)
- Início do governo republicano de Harding nos Estados Unidos e da era do *Big Business* (jan. 1921)
- Vitórias de Mustafá Kemal sobre os gregos (1921)

- Revolta de Kronstadt e adoção da NEP na Rússia (mar. 1921)
- Conferência e Tratado Naval de Washington sobre o Pacífico (6 jan. 1922)
- Independência do Egito (28 jan. 1922)
- Acordo soviético-alemão de Rapallo (16 abr. 1922)
- Mussolini assume o governo na Itália (29 out. 1922)
- Criação da URSS como Estado multinacional (30 dez. 1922)
- Turquia se torna uma República e recupera territórios pela Paz de Lausanne (1923)
- Hiperinflação na Alemanha (1923)
- *Putsch (golpe)* de Hitler em Munique (8 nov. 1923)

Lista de Mapas e Tabelas

Mapas

Tabelas

Bibliografia Indicada

ARRIGHI, Giovanni. *O longo século XX*. São Paulo: UNESP, 1996.

CROUZET, Maurice. *História Geral das Civilizações*. A época contemporânea. São Paulo: DIFEL, 1977. v.16.

DALZIEL, Nigel. *The Penguin Atlas of the British Empire*. London: Penguin Books, 2006.

DROZ, Bernard, e ROWLEY, Anthony. *História do Século XX*. Lisboa: Dom Quixote,1988, vol. 1.

DROZ, Jacques. *Histoire Diplomatique de 1648 a 1919*. Paris: Dalloz, 1972.

FERRO, Marc. *La Gran Guerra (1914-1918)*. Madrid: Alianza Editorial, 1984.

GILBERT, Martin. *Atlas of the First World War*. Oxford/New York: Routledge, 2008.

GOODSPEED, D.J. *Ludendorff*. Rio de Janeiro: Saga, 1968.

HARDACH, Gerd. *La Primera Guerra Mundial, 1914-1918* (Historia Econômica Mundial del Siglo XX). Barcelona: Crítica, 1986.

HART, B. H. Lidell. *As grandes guerras da história*. São Paulo: BRASA, 1967.

HOBSBAWM, Eric. *A Era dos Impérios (1875-1914)*. Rio de Janeiro: Paz e Terra, 1988.

__________. *A Era dos Extremos (1914-1991)*: O Breve Século XX. São Paulo: Cia das Letras, 1995.

ISNENGHI, Mario. *La Première Guerre Mondiale*. Firenze: Casterman/GIUNTI, 1993.

_________ (Org.). *La Prima Guerra Mondiale*. Bologna: Zanichelli, 1972.

JAURÉS et al. *As causas da Primeira Guerra Mundial*. Lisboa: Estampa, 1977.

JOLL, James. *The origins of the First World War*. London/New York: Longman, 1992.

KEEGAN, John. *Uma história da Guerra*. São Paulo: Cia. das Letras, 1995.

__________. *História Ilustrada da Primeira Guerra Mundial*. Rio de Janeiro: Ediouro, 2004.

KENNEDY, Paul. *Ascensão e queda das grandes potências*. Rio de Janeiro: Campus, 1986.

KINDER, Hermann, e HILGEMANN, Werner. *Atlas histórico mundial*. Madrid: Istmo, 1992. vol. 2.

KISSINGER, Henry. *Diplomacy*. New York: Simon & Schuster, 1994.

KOLKO, Gabriel. *Century of War*. New York: The New Press, 1994.

KRIPPENDORFF, Ekkehart. *História das Relações Internacionais*. Lisboa: Antídoto, 1979.

LEE, Dwight E. (Ed.). *The outbreak of the First World War*. Boston: D.C.Heath, 1958.

MacMILLAN, Margaret. *A Guerra que acabou com a paz:* Como a Europa trocou a paz pela Primeira Guerra Mundial. Lisboa: Círculo de Leitores/Temas e Debates, 2013.

MANUSEVICH, Alejandro. *La Primera Guerra Mundial*. Buenos Aires: Cartago, 1972.

McEVEDY, Colin. *The Penguin Atlas of Recent History*. London: Penguin Books, 1982.

PARKER, R. A. C. *El siglo XX*: Europa 1918–1945. Mexico: Siglo XXI, 1982.

POTEMKIN, V.P., y otros. *Historia de la Diplomacia*. Mexico: Grijalbo, 1966. Tomo I.

ROSS, Graham. *The great powers and the decline of the European states system (1914–1945)*. London/New York: Longman, 1993.

SCHNEIDER, Fernand. *História das doutrinas militares*. Lisboa: Livraria Bertrand, 1975.

SCHULZINGER, Robert. *American Diplomacy in the Twentieth Century*. New York/ Oxford: Oxford University Press, 1990.

SEAMAN, L. C. B. *Do Congresso de Viena ao Tratado de Versalhes*. São Paulo: Atlas, 1977.

SILVA, Francisco Carlos Teixeira da (Org.). *Enciclopédia de Guerras e Revoluções do século XX*. Rio de Janeiro: Campus/ Elsevier, 2004.

TAYLOR, A. J. P. *The Habsburg Monarchy 1809–1918*. London: Penguin Books, 1990.

VÁRIOS. *História do Século 20*. São Paulo: Abril, 1975. vol 1 a 3.

VÁRIOS. *The Timechart of military history*. London: D. A. G. Publications/ Worth Press, 1999.

VIZENTINI, Paulo (org.). *A Revolução Soviética/1905–1945*. Porto Alegre: Mercado Aberto, 1989.

Índice